Gramatyka?
Dlaczego nie?!

Ćwiczenia gramatyczne dla poziomu A1

JĘZYK POLSKI JAKO OBCY

PODRĘCZNIK DO NAUKI
JĘZYKA POLSKIEGO
DLA CUDZOZIEMCÓW

Joanna Machowska

Gramatyka? Dlaczego nie?!

Ćwiczenia gramatyczne dla poziomu A1

poziom
A1

Kraków

ISBN 978-83-242-2749-5
e-ISBN 978-83-242-1473-0
TAiWPN UNIVERSITAS

Tłumaczenie na język angielski
Magdalena Buchta

Tłumaczenie na język niemiecki
Jan Szurmant

Tłumaczenie na język rosyjski
Sergiy Tyupa

Tłumaczenie na język hiszpański
Anna Jankowska

Redakcja
H.A. Gruszka

Rysunki
Kamila Gawłowska
www.kamilagawlowska.pl

Projekt okładki i stron tytułowych
Sepielak

www.universitas.com.pl

dla mojego Taty

Spis treści

Od redaktora serii

W serii *Język polski dla cudzoziemców* istnieje kilka zbiorów ćwiczeń zagadnień gramatycznych, ale są one przeznaczone dla poziomów średniego (zwykle B2) i zaawansowanego (C1, C2). Mowa tu o takich zbiorach ćwiczeń, jak: *Przygoda z gramatyką. Fleksja i słowotwórstwo imion. Ćwiczenia funkcjonalno-gramatyczne dla cudzoziemców* Józefa Pyzika, *Iść czy jechać? Ćwiczenia gramatyczno-semantyczne z czasownikami ruchu* Józefa Pyzika, *Czas na czasownik. Ćwiczenia gramatyczne z języka polskiego* Piotra Garncarka, *Liczebnik też się liczy! Gramatyka liczebnika z ćwiczeniami* Stanisława Mędaka, czy wreszcie *Co z czym? Ćwiczenia składniowe dla grup zaawansowanych* Stanisława Mędaka. W zasadzie tylko *Słowa i słówka. Podręcznik do nauczania słownictwa i gramatyki dla początkujących* Magdaleny Szelc-Mays i Elżbiety Rybickiej jest przeznaczony dla poziomów europejskich A1 i A2.

Już z tego przeglądu wynika, że nowy zbiór ćwiczeń gramatycznych dla początkujących, zwłaszcza dla poziomu A1, jest pilnie potrzebny. Taki zbiór powinien się ukazać w serii *Język polski dla cudzoziemców* tym bardziej, że wspomniany podręcznik *Słowa i słówka...* został przygotowany kilkanaście lat temu, a w serii funkcjonuje już ponad siedem lat, czyli dłużej niż proces certyfikacji języka polskiego jako obcego zapoczątkowany w roku 2004. Ponieważ w roku 2009 Państwowa Komisja Poświadczania Znajomości Języka Polskiego jako Obcego opracowała propozycje standardów wymagań egzaminacyjnych i propozycje egzaminów certyfikatowych dla wszystkich poziomów europejskich – także poziomów A1, A2 i C1, na których dotąd nie przeprowadzano egzaminów certyfikatowych – powinny ukazać się nowe pomoce dydaktyczne do nauczania cudzoziemców języka polskiego dostosowane do tych standardów. Warto przy tym pamiętać, że standardy zaczną oficjalnie obowiązywać dopiero po opublikowaniu właściwego rozporządzenia Ministra Nauki i Szkolnictwa Wyższego w *Dzienniku Ustaw RP* (dotychczas obowiązuje rozporządzenie Ministra Edukacji Narodowej i Sportu z 15 października 2003 roku w sprawie egzaminów języka polskiego jako obcego).

Kwestia miejsca gramatyki w nauczaniu języka polskiego jako obcego musi zostać podjęta na nowo, gdyż po okresie dominacji programów gramatycznych w nauczaniu cudzoziemców polszczyzny nastąpiła wyraźna dominacja programów komunikacyjnych, w których nauczanie gramatyki jest nie tylko podporządkowane komunikacji, ale nawet traktowane jako zbyteczny balast przez autorów nieznających wystarczająco dobrze zagadnień gramatycznych, które powinny zostać przyswojone na poszczególnych poziomach nauczania. Taka sytuacja musi niepokoić, zważywszy na fakt, że wciąż brak dobrych gramatyk dydaktycznych polszczyzny napisanych w językach najczęściej używanych przez zainteresowanych cudzoziemców, nie mówiąc już o nowoczesnych zestawach ćwiczeń gramatycznych, zwłaszcza dla poziomów najniższych, czyli A1, A2 i B1.

Publikowany zbiór ćwiczeń gramatycznych dla poziomu A1 zatytułowany *Gramatyka? Dlaczego nie?!* Joanny Machowskiej stanowi próbę zaspokojenia zapotrzebowania na nowoczesny zbiór ćwiczeń tego typu. Już dziś można powiedzieć, że autorka kończy opracowywanie podobnego zbioru ćwiczeń dla poziomu A2. Co więcej, uczestniczy ona w pracach zespołu autorów przygotowującego nowe podręczniki kursowe do nauczania języka polskiego jako obcego na poziomach A1 i A2. Cechą wyróżniającą tego projektu, realizowanego pod moim kierownictwem przez pracowników Katedry Języka Polskiego jako Obcego UJ, jest zamiar przygotowania pierwszego w Polsce podręcznika opartego na podejściu zadaniowym, któremu wiele uwagi w ostatnich latach poświęciła dr Iwona Janowska, przygotowująca do publikacji monografię *Podejście zadaniowe w nauczaniu i uczeniu się języków obcych (na przykładzie języka polskiego jako obcego)*.

Pracując nad zbiorem ćwiczeń dla początkujących, Joanna Machowska wykorzystywała swe bogate doświadczenie w nauczaniu cudzoziemców języka polskiego jako obcego. Machowska, absolwentka filologii polskiej UJ, rozpoczęła pracę w Instytucie Badań Polonijnych w 1993 roku. Tu zajmowała się prowadzeniem zajęć językowych na różnych poziomach, szczególnie chętnie pracując z początkującymi – zarówno na kursach rocznych, jak i w szkole letniej UJ. Od 2005 roku – już w Centrum Języka i Kultury Polskiej w Świecie UJ – prowadzi zajęcia na studiach magisterskich dla studentów polskich, specjalizujących się w nauczaniu polszczyzny jako języka obcego i drugiego. Równocześnie koordynuje kursy języka polskiego jako obcego dla cudzoziemców biorących udział w programie Erasmus. Ponadto uczestniczyła w realizacji kilku projektów realizowanych w Katedrze Języka Polskiego jako Obcego UJ, m.in. była współautorką ćwiczeń gramatycznych i leksykalnych do telewizyjnego programu *Profesor Smok i przyjaciele*, emitowanego w TV Polonia w latach 2007–2008.

Mam nadzieję, że zbiór ćwiczeń gramatycznych *Gramatyka? Dlaczego nie?!* Joanny Machowskiej okaże się pomocą przydatną w nauczaniu cudzoziemców języka polskiego na poziomie A1.

Prof. dr hab. Władysław T. Miodunka
Redaktor serii

Kraków, marzec 2010

Wstęp

Zbiór ćwiczeń *Gramatyka? Dlaczego nie?!* jest przeznaczony dla studentów będących na poziomie A1, a więc tych, którzy są na początku nauki języka polskiego.

Od zbiorów ćwiczeń gramatycznych obecnych na naszym rynku różni się on tym, że bardzo dokładnie określa grupę osób, do której jest kierowany. Do tej pory zbiory ćwiczeń zwykle były adresowane do tzw. studenta początkującego lub rozpoczynającego naukę języka. Były to określenia dość nieprecyzyjne, bowiem we współczesnych opisach kompetencji językowych nie mówimy już o poziomie początkującym, wyszczególniamy natomiast poziomy: A1, zwany także elementarnym, A2, zwany wstępnym, itd.

Poziomy te bardzo ściśle zostały opisane w Europejskim Systemie Opisu Kształcenia Językowego, dlatego dobrze wiadomo, co uczący się na danym poziomie powinien umieć zarówno w zakresie sprawności (czytanie, słuchanie, pisanie, mówienie), jak i podsystemów językowych (gramatyka, słownictwo).

Od 2004 roku obcokrajowcy mogą zdawać państwowy egzamin certyfikatowy z języka polskiego na poziomie B1, B2 i C2. Obecnie w przygotowaniu są testy certyfikatowe na pozostałe poziomy: A1, A2 i C1. Dlatego zespół pracujący przy certyfikacji musiał opracować szczegółowe wymagania na te właśnie poziomy.

Ponadto od dłuższego już czasu zespół Centrum Języka i Kultury Polskiej w Świecie UJ – do którego i ja należę – pod kierunkiem profesora Władysława Miodunki przygotowuje programy nauczania języka polskiego jako obcego na wszystkich poziomach zaawansowania.

Pisząc zbiór ćwiczeń, dostosowywałam go zarówno do powstających w naszym Centrum programów, jak i do wymagań certyfikatowych na poziomie A1. Pomogło mi w jego opracowaniu także moje wieloletnie doświadczenie w nauczaniu cudzoziemców języka polskiego na poziomie A1.

Pomysł przygotowania ćwiczeń towarzyszył mi bowiem już od dawna i część zadań to zadania, które układałam dla kolejnych grup moich studentów.

Od lat ucząc gramatyki na poziomach niższych i starając się to robić w taki sposób, by nie była ona bezsensownym pamięciowym opanowywaniem kolejnych końcówek i form, ale wspaniałą zabawą z bardzo wyraźnie zaznaczonym celem, wielokrotnie odczuwałam brak ćwiczeń, które pozwoliłyby lepiej uczyć i utrwalać nowo poznawane formy.

Chociaż tzw. ćwiczenia automatyzujące są odbierane jako śmiertelnie nudne, wcale takie być nie muszą. Oczywiście trudno z nich wszystkich zrobić zadania niezwykle kreatywne i ekscytujące, ale mogą być one interesujące i zabawne. Dlatego też w moim zbiorze znalazło się m.in. dużo rysunków, które zapobiegają nużącej schematyczności i są dużą pomocą dla osób z pamięcią wzrokową.

Z drugiej strony nie można nauczyć się gramatyki bez ćwiczeń automatyzujących, bo jak wszyscy nauczyciele wiedzą, uczenie się gramatyki wymaga żmudnej i ciężkiej pracy. Jednak gdy student ma przed sobą cel i wie, że nauczenie się nowych końcówek i zapamiętanie kilku reguł pozwoli mu powiedzieć nowe rzeczy i poradzić sobie w wielu sytuacjach, nauka gramatyki staje się jedynie etapem na drodze do sukcesu, jakim jest opanowanie języka.

Ćwiczenia, które przekazuję w ręce nauczycieli i studentów, mogą być pomocą dla nauczyciela w trakcie zajęć, by utrwalić zagadnienia, które studentom mogą sprawiać problem; mogą służyć jako ćwiczenia, które studenci wykonują w domu; mogą być wreszcie pomocą wyłącznie dla samego studenta. Ćwiczenia posiadają bowiem klucz; nauczyciel do sprawdzenia ich nie jest więc konieczny. Mogą być one wykorzystywane przez studentów uczących się na rozmaitych kursach w celu poprawienia swoich umiejętności gramatycznych, ale stanowią też zbiór dla tych, którzy chcieliby zdawać egzamin certyfikatowy. Studenci uczący się z innych podręczników, rozwiązując ćwiczenia z tego zbioru, mogą sprawdzić, co już umieją, a czego jeszcze nie.

Gramatyka? Dlaczego nie?! składa się z siedemnastu rozdziałów. Zagadnienia pokrywają się z wymaganiami certyfikatowymi i założeniami programów opracowanych w Centrum. Nie ma więc wśród nich ani celownika, ani dopełniacza liczby mnogiej, ani trybu rozkazującego i wielu innych zagadnień gramatycznych. Nie ma, ponieważ nie znajdują się one w programie przeznaczonym dla poziomu A1.

Także nieznane formy są bardzo ograniczone w tekstach ćwiczeń, tak by były one zrozumiałe dla uczącego się. Również słownictwo pochodzi z katalogu tematycznego przeznaczonego na poziom A1. Ma to, moim zdaniem, dużą zaletę; często bowiem zdarzało mi się znajdować ćwiczenia, w których problem gramatyczny był bardzo łatwy i wspaniale nadawał się do utrwalenia go na poziomie A1, ale słownictwo było zbyt trudne i zdecydowanie wykraczało poza ten poziom. Bywało też, że w tym samym ćwiczeniu niektóre zdania były bardzo łatwe, inne zbyt trudne. Takich sytuacji starałam się w tym zbiorze uniknąć, aby nie zmuszać nauczyciela do wybierania niektórych tylko zdań z ćwiczenia, co powodowałoby zmniejszenie materiału, na którym ćwiczy się konkretne zagadnienie.

Słownictwo jest więc bardzo proste; takie, by student na poziomie A1 bez problemów sobie z nim radził.

Polecenia do ćwiczeń zapisane są wyłącznie w języku polskim, ale każde ćwiczenie zaczyna się od przykładu, dzięki któremu student powinien się z łatwością zorientować, w jaki sposób dane zadanie wykonać.

Z nomenklatury łacińskiej używam tylko nazw rodzajów: *masculinum*, *femininum* i *neutrum*, co jest niezbędne zwłaszcza w ćwiczeniach dotyczących podziału na rodzaje, a także pomagających w opanowaniu czasu przeszłego i przyszłego.

Specjalne podziękowania chciałam złożyć Panu Profesorowi Władysławowi Miodunce, który udzielił mi wielu cennych porad i wskazówek oraz przeglądał cierpliwie pierwsze wersje tego zbioru. Był także osobą, która mnie zdopingowała i zmotywowała do opracowania tej książki, co zapobiegło leżeniu wielu ćwiczeń w szufladach przez kolejne lata.

Dziękuję też moim studentkom ze studiów magisterskich: Ninie Labosze, Kindze Kuchcie, Magdalenie Płachcie i Ewie Woźniczce, z którymi prowadziłam zajęcia, a które udostępniły mi przygotowane przez siebie konspekty lekcji. Niektóre ciekawe ćwiczenia pochodzą z ich prac.

Joanna Machowska

Preface

Gramatyka? Dlaczego nie?! is a workbook directed to A1 students, i.e. those who have just begun learning Polish.

It differs from other workbooks available on the Polish market in that it specifies very precisely its addressee. So far, the textbooks published have been aimed at „beginners" or „elementary students". However, these descriptions are quite imprecise, since currently language competences are described according to a definite scale with levels such as A1, also called „Breakthrough"; A2, also called „Waystage", etc.

These levels have been thoroughly defined in CEFR (Common European Framework of Reference for Languages), which clearly specifies what a given learner at a given level is supposed to know, both when it comes to language skills (reading, listening, writing and speaking) and the particular subsystems of language (grammar, vocabulary).

Since 2004 foreigners can take the national certificate exam in Polish on levels B1, B2 and C2. The A1, A2 and C1 exams are currently in preparation. The team of scholars responsible for the exams faced a task to formulate detailed requirements for these levels.

What is more, for some time now, the Jagiellonian University Center for Polish Language and Culture in the World has been developing teaching curricula for teaching Polish as a foreign language on all levels.

Working on this textbook, I have tried to make it conform to the curriculum of the Centre, as well as to the A1 certificate exam requirements. I have also drawn on my considerable experience gained as an A1 teacher of Polish to foreign students.

The idea to write a workbook developed quite a long time ago and part of the exercises in it were originally teaching materials developed by me for the purposes of class instruction.

Having taught Polish grammar to lower-level foreign students for many years and trying to do that in a way that would make grammar something more than just a mechanical drill devoid of thought – trying to make it a rewarding pursuit leading to a clearly defined goal, I have lacked practice materials which would let me more efficiently teach, revise and consolidate new forms.

Even though drilling is usually considered infinitely boring, it does not have to be so. Of course, it is impossible to turn all these exercises into something thoroughly exciting and imaginative, but they still can be quite interesting and enjoyable. For example, by including quite a large number of illustrations I hope that they will offset the monotony of rules and formulas and will prove a valuable help for eye-readers.

On the other hand, mastering grammar is not possible without drills, since, as all teachers know, learning grammar requires a lot of time and effort. And yet, when a student sees a clearly defined goal before him or her and realizes that learning inflections and memorizing rules will let him or her say new things and deal with new situations, grammar becomes just another step on the way to success – which mastering the foreign language definitely is.

This collection of grammar practice exercises can be used not only by teachers in class or as homework, but also by students on their own, as the book is provided with a key for self-correction. It may be used by students who take part in various types of courses and who want to improve their grammar skills – not only by those who want to pass a certificate exam. While using other textbooks, they can simultaneously do these exercises to revise their skills and find out what they need to practice yet.

Gramatyka? Dlaczego nie?! consists of seventeen chapters; three of them are revision chapters and the remaining fourteen focus on particular grammar problems that should be covered by an A1 student. The problems correspond to the certificate requirements and to curriculum specifications of the Center. That is why they do not include the Dative case, the plural Genitive, the imperative and other topics which do not belong to A1 level.

The use of unfamiliar forms has been limited, and those that remain should be readily understood by the student; vocabulary falls within the thematic range of A1 level. I consider this a big advantage: I have often come across exercises which concerned a very simple grammatical problem, perfectly suitable for A1 level, but the vocabulary was too difficult. Frequently, within a single exercise, some sentences were very easy, while others too complicated. I avoided such practices in my book, as they make the teacher select only the easier sentences, reducing the material on which a given problem is presented.

The vocabulary is thus very simple, so that the A1 student can deal with it without difficulties.

Instructions have been formulated in Polish only, but each exercise is introduced by an example, so that the student should know immediately what should be done.

From Latin terminology I have used only gender terms (*masculinum, femininum, neutrum*), which are indispensable, especially for exercises concerning gender, as well as past and future tenses.

I would like to give my special thanks to Professor Władysław Miodunka, who kindly shared valuable advice with me and patiently read the drafts. He was also the person who motivated me to actually write this book, which saved my collection of grammar practice exercises from staying in the drawer for years to come.

I would also like to thank my MA students: Nina Labocha, Kinga Kuchta, Magdalena Płachta and Ewa Woźniczka, who ran classes with me and let me use their lesson plans. Some of very engaging exercises come from their materials.

Joanna Machowska

Einleitung

Die Aufgabensammlung namens *Gramatyka? Dlaczego nie?!* ist gedacht für Lernende auf dem Sprachniveau A1 des Gemeinsamen Europäischen Referenzrahmens GER, also für diejenigen, die mit dem Erlernen der polnischen Sprache seit kurzer Zeit begonnen haben. Von den auf unserem Markt vorhandenen Sammlungen von Grammatikübungen unterscheidet sie sich insofern, dass sie die für sie gedachte Personengruppe besonders deutlich herausstellt. Bis zu diesem Zeitpunkt waren Aufgabensammlungen üblicherweise an sogenannte Anfänger oder Beginner gerichtet. Diese Bezeichnungen waren allerdings nicht ausreichend präzise, denn in zeitgemäßen Beschreibungen der Fremdsprachenkompetenz wird nicht von Anfängerstufen gesprochen, sondern das Sprachniveau genauer spezifiziert: die Elementare Sprachverwendung von Anfängern beispielsweise ist unterteilt in A1 und A2 usw.

Diese Sprachniveaus wurden sehr genau im Gemeinsamen Europäischen Referenzrahmen für Sprachen GER beschrieben, daher ist gut geschildert, was Lernende eines gegebenen Sprachniveaus können sollten, und zwar sowohl hinsichtlich der Fertigkeiten (Leseverstehen, Hörverstehen, Schreiben, Sprechen), als auch hinsichtlich der sprachlichen Unterkategorien (Grammatik, Wortschatz).

Seit 2004 können Ausländer staatliche Zertifikatsprüfungen in polnischer Sprache auf den Sprachniveaus B1, B2 und C2 ablegen. Gegenwärtig sind Zertifikatsprüfungen auf den Sprachniveaus A1, A2 und C1 in Vorbereitung. Deswegen ergibt sich für die die Zertifikate ausarbeitende Arbeitsgemeinschaft die Verpflichtung, für eben diese Sprachniveaus bestimmte Anforderungen herauszuarbeiten.

Darüberhinaus erarbeitet die Arbeitsgemeinschaft des Centrum Języka i Kultury Polskiej w Świecie (Zentrum für Polnische Sprache und Kultur in der Welt) der Jagiellonen-Universität Krakau, zu der auch ich gehöre, unter der Leitung von Professor Władysław Miodunka seit längerer Zeit Unterrichtsprogramme für Polnisch als Fremdsprache auf allen Sprachniveaus.

Dies berücksichtigend verfasste ich die Aufgabensammlung und passte sie sowohl an die in unserem Zentrum entstehenden Programme, als auch an die auf dem Sprachniveau A1 geltenden Zertifikatsanforderungen an. Bei der Ausarbeitung war zudem meine langjährige Erfahrung im Unterrichten von Ausländern auf dem Sprachniveau A1 hilfreich.

Die Idee für die Übungen hatte ich bereits seit langer Zeit und ein Teil der Aufgaben sind solche, die ich im Verlauf der Arbeit mit verschiedenen meiner Gruppen von Lernenden zusammengestellt habe.

Da ich seit Jahren Grammatik auf Anfängerstufen unterrichte und ich mich bemühte, dies so zu tun, dass die Grammatik kein sinnloses Gedächtnistraining mit dem Ziel der Beherrschung weiterer Endungen und Formen ist, sondern stattdessen ein wahres Vergnügen mit einem sehr deutlich gekennzeichneten Ziel, fehlten mir fortwährend Übungen, die es erlauben, besser zu unterrichten und neu eingeführte Formen zu festigen.

Obwohl die sogenannten automatisierenden Übungen als todlangweilig empfunden werden, ist dies keine zwangsläufige Notwendigkeit. Selbstverständlich gestaltet es sich schwierig, aus allen von ihnen besonders kreative und spannende Aufgaben zu machen, aber dennoch können sie interessant und unterhaltsam sein. Deswegen befinden sich in meiner Sammlung unter anderem auch viele Zeichnungen, die ermüdende Schemata vermeiden und die für Lernende mit visuellem Gedächtnis sehr hilfreich sind.

Andererseits kann man Grammatik nicht ohne automatisierende Übungen lernen, da, wie alle Lehrer wissen, das Erlernen von Grammatik auch eine mühsame und schwere Arbeit erfordert. Wenn der Lernende allerdings ein Ziel vor sich hat und weiß, dass er, wenn er neue Endungen lernt und sich einige Regeln merkt, in der Lage sein wird, neue Sachen auszudrücken und sich in vielen Situationen zurechtzufinden, genau dann kann das Erlernen der Grammatik lediglich eine Etappe auf dem Weg zum Erfolg sein, der letzten Endes die Beherrschung der Sprache ist.

Die Übungen, die ich in die Hände der Lehrer und Lernenden gebe, können sowohl eine Hilfe für den Lehrer sein, und zwar während des Unterrichts, um die grammatikalischen Probleme zu festigen, die den Lernenden Probleme bereiten können, als auch als Übung dienen, die die Lernenden zu Hause erledigen, sie können also letzten Endes auch eine alleinige Hilfe für den Selbstlerner sein. Zu den Übungen gibt es daher einen Lösungsschlüssel, ein Lehrer zum Überprüfen ist also nicht zwangsläufig vonnöten. Die Übungen können von Lernenden verwendet werden, die in verschiedenen Kursen lernen, und zwar mit dem Ziel, die eigenen grammatikalischen Fähigkeiten zu verbessern, sie dienen aber auch als Sammlung für Lernende, die eine Zertifikatsprüfung ablegen möchten. Falls mit anderen Lehrbüchern gelernt wird, kann man durch das Lösen von weiteren, neuen Übungen ein weiteres Mal überprüfen und feststellen, was man schon beherrscht, und was noch nicht.

Gramatyka? Dlaczego nie?! enthält siebzehn Kapitel. Drei Kapitel dienen als Wiederholung des Materials. Die übrigen vierzehn Kapitel zielen auf eine konkrete Beschäftigung mit der Grammatik ab, die der Lernende auf dem Sprachniveau A1 kennenlernt. Die grammatikalischen Probleme decken sich mit den Zertifikatsanforderungen und den Voraussetzungen der im Zentrum ausgearbeiteten Programme. In der Sammlung ist also weder der Plural des Dativs enthalten, noch der des Genitivs, ebenso fehlen der Imperativ und viele andere grammatikalische Strukturen. Sie sind nicht enthalten, da sie sie sich nicht im Programm befinden, das für das Sprachniveau A1 vorgesehen ist.

Unbekannte Formen sind in den Übungstexten ebenfalls sehr begrenzt, so dass sie für den Lernenden ohne Mühe verständlich sind. Auch der Wortschatz stammt aus dem für das Sprachniveau A1 vorgesehenen Themenkatalog. Dies hat meiner Meinung nach viele Vorteile; denn oft bin ich auf Übungen gestoßen, in denen zwar das grammatikalische Problem einfach war und sich auf dem Sprachniveau A1 hervorragend lösen ließ, der Wortschatz jedoch zu schwierig war und sich definitiv jenseits dieses Niveaus befand. Es stellte sich außerdem heraus, dass in einer einzigen Übung einige Aufgaben sehr einfach waren, andere wiederum zu schwierig. Es war meine Zielsetzung, eben diese Situationen in der Sammlung zu vermeiden, um den Lehrer nicht zu zwingen, nur einige Sätze aus den Übungen auswählen zu können, was wiederum zu einer Verringerung des vorliegenden Materials geführt hätte, mit dem sich konkrete grammatikalische Probleme üben lassen.

Der Wortschatz ist also sehr einfach und solchermaßen, dass ein Lernender auf dem Sprachniveau A1 ohne Probleme mit ihm zurechtkommen kann.

Die Übungsanweisungen sind ausschließlich auf Polnisch, aber jede von ihnen hat ein Beispiel, an dem sich der Lernende mit Leichtigkeit orientieren können sollte, wie die gegebene Aufgabe durchzuführen ist.

Von der lateinischen Nomenklatur benutze ich ausschließlich die Bezeichnungen der Geschlechter: *masculinum, femininum* und *neutrum*, was vor allem in den Übungen unentbehrlich ist, die die Einteilung in Geschlechter betreffen, und ebenso hilfreich bei der Beherrschung der Zeiten zur Vergangenheit und Zukunft.

Ein besonderes Dankeschön möchte ich Herrn Professor Władysław Miodunka aussprechen, der mir viele wertvolle Ratschläge und Hinweise gab sowie geduldig die erste Version dieser Sammlung durchsah. Er war zugleich jemand, der mich antrieb und zur Ausarbeitung dieses Buches ermutigte, was nicht zuletzt einen langjährigen Verbleib vieler Übungen in Schubladen verhinderte.

Ich danke auch den folgenden Studenten meiner Magisterstudiengänge: Nina Labocha, Kinga Kuchta, Magdalena Płachta und Ewa Woźniczka, mit denen ich Seminare gab und die mir ihre Unterrichtskonzepte zugänglich machten, die sie erarbeitet hatten. Viele interessante Übungen stammen aus ihren Arbeiten.

Joanna Machowska

Предисловие

Сборник упражнений *Gramatyka? Dlaczego nie?!* предназначен для учащихся на уровне A1, а также для тех, кто только начинает изучать польский язык.

Четкое определение целевой аудитории выгодно отличает его от других сборников грамматических упражнений, представленных на рынке. Как правило, сборники упражнений прежде были адресованы учащимся на так называемом начальном уровне, либо начинающим изучение языка. Эти определения являются недостаточно точными, поскольку в современных описаниях языковой компетенции уже не говорится о начальном уровне, а о уровне A1, известном также как элементарный, A2 – вступительный и т.д.

Их краткое описание можно найти в Европейской системе уровней владения иностранным языком, благодаря чему хорошо известно, что учащийся на данном этапе должен уметь как в сфере языковых навыков (чтение, аудирование, письмо и говорение), так и подсистем языка (грамматика, лексика).

Начиная с 2004 года, иностранцы могут сдавать государственный сертификационный экзамен по польскому языку на уровне B1, B2 и C2. В данный момент разрабатываются тесты для оставшихся уровней: A1, A2 и C1. Ввиду этого перед коллективом, занимающимся сертификацией, была поставлена задача разработать детальные требования для этих уровней.

Более того, в течение длительного времени коллектив Центра польского языка и культуры Ягеллонского университета, к которому я принадлежу, занимается, под руководством профессора Владислава Мёдунки, разработкой учебных программ польского языка как иностранного для всех уровней владения языком.

В этой связи, разрабатывая сборник упражнений, я согласовывала его как с программами нашего Центра, так и с сертификационными требованиями для уровня A1.

Идеи для этих упражнений у меня возникли уже давно. Некоторые из них я создавала, готовясь к занятиям со студентами.

В течение многих лет я преподаю грамматику на начальных уровнях и стараюсь делать это так, чтобы она не была бессмысленным зазубриванием новых окончаний и форм, а приятной игрой с четко определенной целью. Однако мне не хватало упражнений, которые позволили бы оптимально преподать и закрепить новые формы.

Хотя так называемые „доводящие до автоматизма" упражнения воспринимают как смертельно скучные, совсем не обязательно, чтобы дело обстояло именно так. Естественно, не из каждого такого упражнения удается сделать что-то творческое и захватывающее, но они все равно могут быть интересными и занимательными. Поэтому в моем сборнике можно найти много иллюстраций, которые помогают избежать изнурительной схематичности и оказывают значительную помощь учащимся со зрительной памятью.

С другой стороны, невозможно научить грамматике без упражнений, доводящих до автоматизма, поскольку, как известно всем преподавателям, овладение грамматикой требует напряженной работы. Однако когда учащийся видит перед собой цель и знает, что если он выучит новые окончания и запомнит несколько правил, то сможет рассказать что-то новое и справиться со многими ситуациями, изучение грамматики становится только этапом на пути к успеху, которым является овладение языком.

Предлагаемые упражнения можно использовать во время занятий для закрепления трудного материала, а также в качестве домашнего задания. Кроме того, учащиеся могут пользоваться сборником самостоятельно, поскольку в нем предоставлены ключи к упражнениям, так что для их проверки помощь преподавателя необязательна. Сборник могут использовать не только слушатели разнообразных курсов для совершенствования своих навыков владения грамматикой, но и учащиеся, которые намерены сдавать сертификационный экзамен. Готовясь по другим учебникам, они одновременно могут выполнять новые упражнения из сборника и самостоятельно проверять себя.

Сборник *Gramatyka? Dlaczego nie?!* состоит из семнадцати разделов. Три из них посвящены повторению материала, а остальные четырнадцать – конкретным грамматическим темам, с которыми знакомится учащийся на уровне A1. Темы отвечают сертификационным требованиям и программам, созданным в Центре. Таким образом, среди них нет ни дательного и родительного падежей во множественном числе, ни повелительного наклонения, ни многих других грамматических тем, поскольку они отсутствуют в программе для уровня A1.

Неизвестные формы также очень ограниченно представлены в текстах для упражнений, чтобы учащиеся без труда могли их понять. Кроме того, лексика взята из тематического каталога для уровня A1. По моему мнению, это является значительным преимуществом сборника. Мне не раз приходилось сталкиваться с упражнениями, грамматический материал которых был очень простым и прекрасно подходил для усвоения на уровне A1, тогда как лексика была слишком сложной и определенно выходила за пределы данного уровня. Также случалось видеть, что в одном и том же упражнении одни предложения были очень простыми, а другие – слишком сложными. Я старалась избегать таких ситуаций, чтобы не вынуждать преподавателя выбирать только некоторые предложения, что вызывало бы сокращение материала, на котором отрабатывают определенную тему.

Таким образом, лексика очень проста – чтобы с ней без проблем справился учащийся на уровне A1.

Инструкции по выполнению упражнений предоставлены исключительно на польском языке, но для каждого из них есть пример, который позволит учащемуся с легкостью разобраться, каким образом выполнять данное упражнение.

Из латинской номенклатуры я использую только названия родов: *masculinum*, *femininum* и *neutrum*, что является необходимым для упражнений, связанных с разделением на рода, а также касающихся усвоения прошедшего и будущего времени.

Я хотела бы выразить особую благодарность профессору Владиславу Мёдунке за большое количество ценных советов и рекомендаций, а также за то, что он терпеливо пересмотрел первую версию этого сборника. Кроме того, именно он мотивировал и вдохновил меня на создание этой публикации, благодаря чему многие упражнения оказались в сборнике, а не остались лежать в ящике стола.

Также хочу выразить благодарность студенткам Нине Лабош, Кинге Кухта, Магдалене Плахта и Эве Вужничка, с которыми я проводила занятия и которые предоставили мне свои конспекты. Некоторые интересные упражнения взяты именно из этого источника.

Йоанна Маховска

Introducción

El cuaderno de ejercicios *Gramatyka? Dlaczego nie?!* está dirigido a estudiantes de nivel A1, a los que empiezan a aprender el idioma polaco.

Este libro de ejercicios se distingue de otros presentes en el mercado, por el hecho de definir con precisión a sus destinatarios. Hasta ahora los cuadernos de ejercicios se dirigían a principiantes o a estudiantes de nivel inicial. Ambas definiciones son bastante imprecisas, ya que en las modernas escalas descriptivas de niveles linguísticos ya no hablamos de nivel inicial como tal, pero distinguimos los siguientes niveles: A1, conocido como nivel acceso, y A2, conocido como nivel plataforma, etc.

Todos los niveles se han descrito con precisión en el MCER. Gracias a ello, sabemos que debería saber hacer un estudiante de un dado nivel en lo que respecta a las destrezas lingüísticas (comprensión auditiva, expresión oral, comprensión lectora, expresión escrita) y los sistemas del idioma (gramática, vocabulario).

Desde 2004 los extranjeros pueden hacer el examen estatal de polaco como lengua extranjera en tres diferentes niveles: B1, B2 y C2. Los preparativos para los examenes en niveles A1, A2 y C1 están en marcha. Precisamente por eso el equipo de la comisión estatal ha tenido que desribir requisitos para estos niveles.

El equipo del Centro del Idioma y de la Cultura Polaca en el Mundo de la Universidad Jaguellónica, del que soy miembro, dirigido por profesor Władysław Miodunka, lleva varios años preparando programaciones didácticas de la enseñanza del polaco como lengua extranjera en todos los niveles.

Al escribir este cuaderno de ejercicios, he adaptado su contenido a los requisitos de los programas de nuestro Centro y a los requisitos de los exámenes del nivel A1. Mi experiencia como profesora de polaco como lengua extranjera en el nivel A1 durante varios años, ha servido de gran ayuda a la hora de realizar este trabajo.

La idea de escribir un cuaderno de ejercicios surgió hace años. Algunos de los ejercicios incluidos en él, son los mismos que he preparado para varios grupos de mis estudiantes.

Los ejercicios de automatización tienen fama de ser aburridos, pero no tiene que ser así. Por supuesto, es muy difícil que todos los ejercicios sean creativos y originales, pero por lo menos podemos intentar que sean interesantes y divertidos. Precisamente por eso los ejercicios de mi cuaderno contienen muchos dibujos, que ayudan a evitar una rutina agobiante y ayudan significativamente a las personas con memoria visual.

Por otro lado es imposible aprender gramática sin los ejercicios de automatización. Todos los profesores saben que el aprendizaje de gramática requiere un enorme esfuerzo. Pero si el estudiante tiene el objetivo bien definido y sabe que al aprender nuevas terminaciones y al memorizar unas reglas sabrá decir algo nuevo y podrá apañarse en varias situaciones, el aprendizaje de gramática se convierte tan sólo en una etapa hacia el éxito con el fin de dominar un nuevo idioma.

Este cuaderno, dirigido tanto a los profesores como a los estudiantes, puede servir de ayuda para el profesor durante las clases, para clarificar algunos aspectos de mayor dificultad o como deberes para casa. Los estudiantes pueden también hacerlos por su propia cuenta ya que el libro viene con clave y la correción por parte del profesor no es necesaria.

El cuaderno se puede utilizar durante cursos de perfecciónamiento pero también en los cursos preparatorios para los exámenes de polaco como lengua extranjera. Los ejercicios del presente cuaderno, junto con otros manuales utilizados en clase, pueden servir a los estudiantes para comprobar lo que ya saben hacer y lo que todavía queda por aprender.

Gramatyka? Dlaczego nie?! consta de diecisiete unidades. Las tres primeras se centran en la revisión de contenidos y las catorce unidades restantes tratan diferentes aspectos de gramática propios para los estudiantes de nivel A1. Los aspectos presentes en el libro han sido elegidos conforme a los requisitos de los exámenes del polaco como lengua extranjera y los programas didácticos del Centro. Por eso en el libro no se incluye el dativo, el genitivo plural o el imperativo ni muchos otros aspectos de gramática; debido a que no se encuentran en el programa realizado para el nivel A1.

En los ejercicios se han reducido las formas aún desconocidas por los alumnos para facilitar la comprensión de los textos. El vocabulario ha sido elegido del catálogo temático del nivel A1. En mi opinión es una ventaja, ya que muchas veces me he encontrado con ejercicios perfectos para la revisión de un aspecto gramatical en el nivel A1, pero con un vocabulario demasiado difícil para dicho nivel. También me he encontrado con ejercicios que comprendían frases muy simples y muy difíciles a la vez. He intentado evitar tales situaciones en mi libro. No quiero que el profesor tenga que elegir sólo algunas frases del ejercicio, lo que disminuye la cantidad de material para revisión.

Por lo tanto, el vocabulario es simple con el objetivo de que un estudiante del nivel A1 pueda hacer los ejercicios sin problemas.

Las instrucciones de los ejercicios están en polaco, pero cada uno contiene un ejemplo gracias al cual los estudiantes pueden deducir lo que tienen que hacer.

Del latín he prestado tan sólo las expresiones *masculinum*, *femeninum* y *neutrum* ya que son necesarias en los ejercicios de categorización en géneros y ayudan a aprender el futuro y el pasado.

Me gustaría dar las gracias al profesor Władysław Miodunka por todos sus consejos y numerosas revisiones de las primeras versiones del presente cuaderno. Gracias a su ayuda y motivación estos ejercicios han visto la luz del día.

Agradezco también a mis estudiantes del curso de máster: Nina Labocha, Kinga Kuchta, Magdalena Płachta y Ewa Woźniczka por haberme facilitado sus programas. Algunos ejercicios en este cuaderno son suyos.

Joanna Machowska

I

ODMIANA RZECZOWNIKA, PRZYMIOTNIKA I ZAIMKA OSOBOWEGO

To jest pan Jan Kowalski
Mianownik liczby pojedynczej

I. Proszę wybrać słowo z ramki i odpowiedzieć na pytanie.

a.

artysta * kelnerka * kucharz * inżynier * kierowca * policjant * student * nauczycielka * architekt * dziecko * studentka * dentystka * lekarz

PRZYKŁAD:

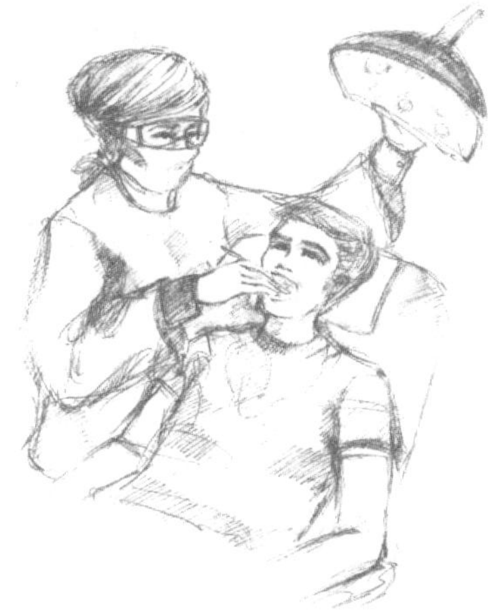

Kto to jest?

To jest dentystka.

Kto to jest?

1. To jest kucharz.

2. To jest kierowca.

3. To jest nauczycielka.

4. To jest architekt.

5. To jest lekarz.

6. To jest kelnerka.

7. To jest student.

8. To jest studentka.

9. To jest artysta.

10. To jest policjant.

11. To jest dziecko.

12. To jest inżynier

b.

ulica * hotel * rower * dom * samochód * radio * komputer * tramwaj * krzesło * kawiarnia * okno * ciastko * restauracja

PRZYKŁAD:

Co to jest?

To jest ulica.

Co to jest?

1. To jest samochód.
2. To jest tramwaj.
3. To jest rower.

4. To jest kawiarnia.
5. To jest dom
6. To jest komputer.

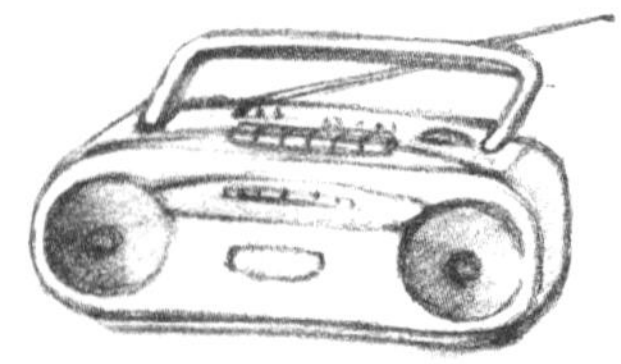

7. To jest hotel.

8. To jest ciastko.

9. To jest radio.

10. To jest restauracja.

11. To jest okno.

12. To jest krzesło.

II. Proszę popatrzeć na rysunki i odpowiedzieć na pytania.

PRZYKŁAD:

Czy to jest kucharz?

Tak, to jest kucharz.

Czy to jest kelnerka?

Nie, to nie jest kelnerka.

To jest kucharz.

1. Czy to jest lekarz?

Tak, to jest lekarz.

2. Czy to jest dentysta?

Nie, to nie jest dentysta.

To jest kierowca.

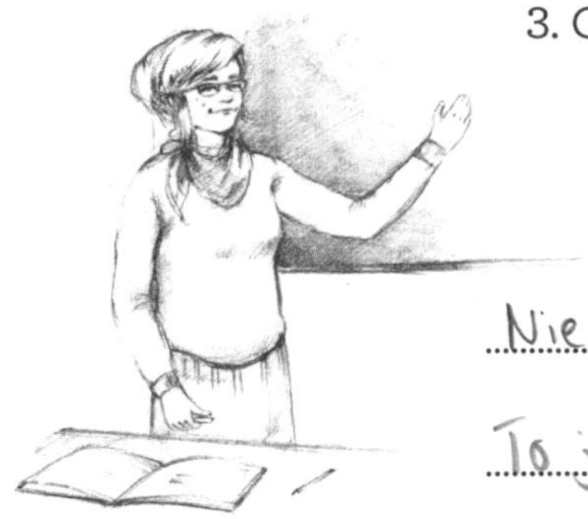

3. Czy to jest kierowca?

Nie, to nie jest kierowca.

To jest nauczycielka.

4. Czy to jest architekt?

Tak, to jest architekt.

5. Czy to jest kelnerka?

Tak, to jest kelnerka.

6. Czy to jest policjant?

Tak, to jest policjant.

7. Czy to jest samochód?

Nie, to nie jest samochód.

To jest tramwaj.

8. Czy to jest okno?

Tak, to jest okno.

9. Czy to jest hotel?

Nie, to nie jest hotel.

To jest restauracja.

10. Czy to jest komputer?

Tak, to jest komputer.

11. Czy to jest tramwaj?

Nie, to nie jest tramwaj.

To jest rower.

12. Czy to jest ciastko?

Tak, to jest ciastko.

III. Co to jest? Rodzaj męski (*masculinum*), rodzaj żeński (*femininum*) czy rodzaj nijaki (*neutrum*)? Proszę przyporządkować słowa z diagramu do odpowiedniego miejsca w tabelce[1].

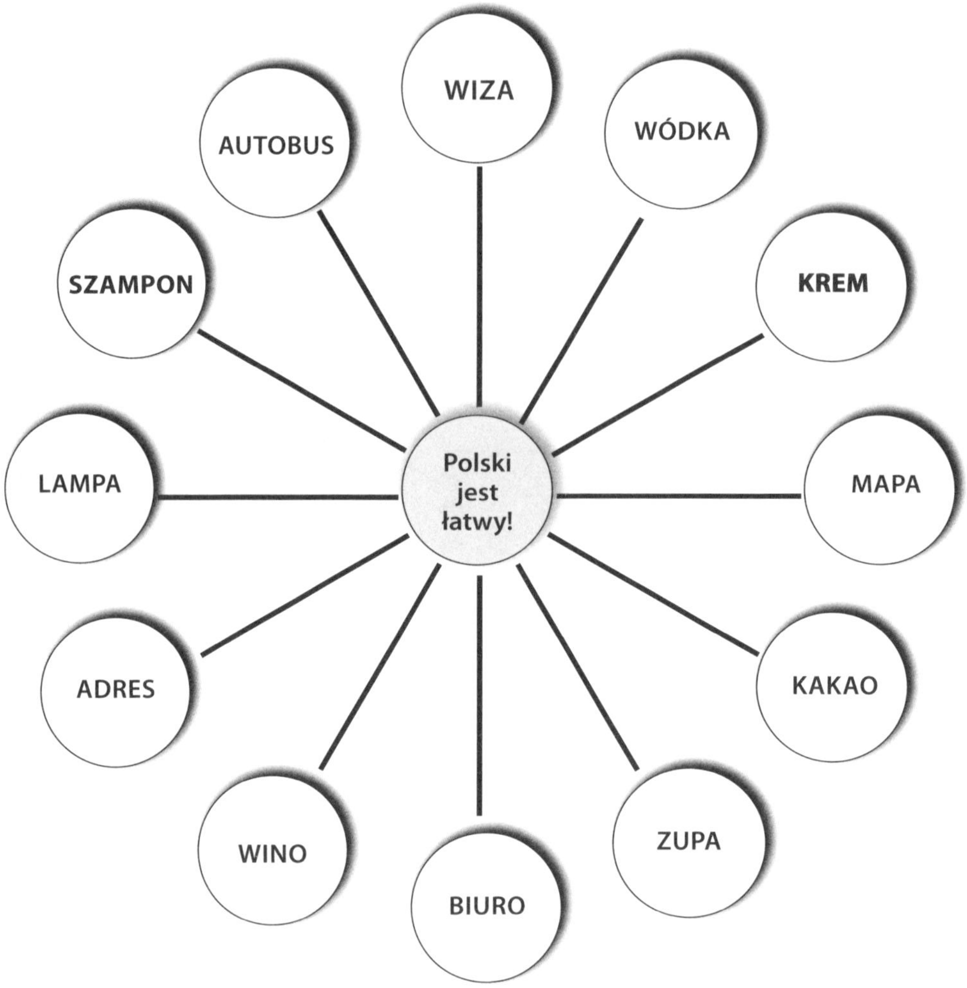

masculinum	femininum	neutrum
krem	wiza	kakao
adres	wódka	biuro
szampon	mapa	wino
autobus	zipa	
	lampa	

[1] Ćwiczenie zaczerpnięte z konspektu mojej studentki Kingi Kuchty.

IV. Jakiego rodzaju są miasta na mapie? Proszę wpisać nazwy miast według rodzajów[2].

masculinum	femininum	neutrum
Szczecin	Warszawa	Zakopane
Lublin	Gdynia	Opole
~~Łódź~~	Zielona Góra	
Olsztyn	Łódź	
Poznań		
Rzeszów		
Kraków		
Białystok		
Wrocław		

[2] Ćwiczenie zaczerpnięte z konspektu mojej studentki Kingi Kuchty.

V. Proszę odpowiedzieć poprawnie na pytania.

<u>PRZYKŁAD:</u>

Jaka jest płyta?	*nowy*	*nowe*	*nowa*
1. Jaki jest chłopak?	miła	miły	miłe
2. Jaka jest dziewczyna?	piękny	piękne	piękna
3. Jaki jest dom?	duże	duży	duża
4. Jakie jest dziecko?	mała	mały	małe
5. Jaki jest artysta?	bogaty	bogata	bogate
6. Jaka jest książka?	kolorowa	kolorowy	kolorowe
7. Jakie jest ciastko?	smaczne	smaczna	smaczny
8. Jaki jest film?	dobra	dobry	dobre
9. Jaka jest nauczycielka?	wysokie	wysoki	wysoka
10. Jakie jest muzeum?	interesująca	interesujące	interesujący
11. Jakie jest wino?	czerwone	czerwona	czerwony
12. Jaki jest dentysta?	przystojna	przystojne	przystojny

VI. Proszę sprawdzić, czy w podpisach pod zdjęciami nie ma błędów. Jeżeli jest błąd, proszę podpisać rysunek prawidłowo.

<u>PRZYKŁAD:</u>

dobry architekt [+] .... — ....

zdolna studentka [+] .... — ....

dobra kierowca [–] *dobry kierowca*

1. sympatyczny inżynier ☑ ....

2. miła dentysta ☐ miły dentysta

3. nowy nauczycielka ☐ nowa nauczycielka

4. duży kot ☐ duży kot

5. smaczne ciastko ☐ ....

6. wysoka turysta ☐ wysoki turysta

7. szczupły policjant ☐ szczupły ✓

8. popularny artysta ☐ .... ✓

9. ładna kelnerka ☐ .... ✓

10. elegancki kobieta ☐ elegancka kobieta ✓

11. przystojny mężczyzna [+] ....

12. mały dziecko [–] małe dziecko

VII. Proszę wybrać odpowiednie słowo i utworzyć pytanie.

PRZYKŁAD:

Jaki	*Jaka*	*Jakie*	*jest jabłko?*

1.	Jaki	Jakie	Jaka	jest nauczycielka?
2.	Jaka	Jaki	Jakie	jest wino?
3.	Jaka	Jakie	Jaki	jest student?
4.	Jakie	Jaka	Jaki	jest poeta?
5.	Jaki	Jaka	Jakie	jest dziewczyna?
6.	Jaka	Jaki	Jakie	jest dom?
7.	Jaki	Jakie	Jaka	jest dentysta?
8.	Jaka	Jakie	Jaki	jest ciastko?
9.	Jaka	Jaki	Jakie	jest książka?
10.	Jaki	Jakie	Jaka	jest film?

VIII. Proszę uzupełnić zdania zaimkami ten, ta, to.

PRZYKŁAD:

Ten ***student jest inteligentny.***

1. ..Ta... dziewczyna jest bardzo ładna. ✓
2. ..To... krzesło jest bardzo wygodne. ✓
3. ..Ten.. artysta jest popularny. ✓
4. ..Ten.. kościół jest stary. ✓
5. ..Ta... książka jest interesująca. ✓
6. ..Ten.. chłopiec ma na imię Bartek. ✓
7. ..To... turysta jest miły. f Ten
8. ..To... miasto jest duże. ✓
9. ..To... telewizor jest drogi. f Ten
10. ..To... dziecko jest małe. ✓

IX. Proszę ułożyć pytania do podkreślonych wyrazów.

PRZYKŁAD:

To jest** architekt.* | *Kto **to jest?

Kto = Wer
Co = Was

1. To jest zeszyt. ..To to jest..? ✓
2. To jest kolega. ..Kto to jest..? ✓
3. To jest kobieta. ..Kto to jest..? ✓
4. To jest chłopiec. ..Kto to jest..? ✓
5. To jest lampa. ..To to jest..? ✓
6. To jest telefon. ..To to jest..? ✓
7. To jest dziewczynka. ..Kto to jest..? ✓
8. To jest profesor Nowak. ..Kto to jest..? ✓
9. To jest samochód. ..To to jest..? ✓
10. To jest kawa. ..To to jest..? ✓

X. Proszę ułożyć pytania do podkreślonych wyrazów.

PRZYKŁAD:

Michał jest wysoki. — *Jaki* ***jest Michał?***

1. Magda jest miła. — ...Jaka jest Magda...? ✓
2. Konrad jest wysoki. — ...Jaki jest Konrad...? ✓
3. Radio jest nowe. — ...Jakie jest radio...? ✓
4. Jabłko jest dobre. — ...Jakie jest jabłko...? ✓
5. Studentka jest inteligentna. — ...Jaka jest studentka...? ✓
6. Nauczyciel jest miły. — ...Jaki jest nauczyciel...? ✓
7. Dziecko jest małe. — ...Jakie jest dziecko...? ✓
8. Student jest pracowity. — ...Jaki jest student...? ✓
9. Ciastko jest słodkie. — ...Jakie jest ciastko...? ✓
10. Kot jest czarny. — ...Jaki jest kot...? ✓

XI. Proszę uzupełnić tekst odpowiednimi zaimkami osobowymi.

PRZYKŁAD:

Ty ***jesteś sympatyczna.***

1. ..My.. jesteśmy z Brazylii. ✓
2. Skąd ..wy.. jesteście? ✓
3. Jak ..ty.. masz na imię? (ty) ✓
4. Jak ..on.. się nazywa? Nazywa się Maciej Nowicki. ✓
5. Jak ..ona.. się nazywa? Nazywa się Karolina Kotecka. ✓
6. Gdzie ..oni.. mieszkają? Adam i Piotrek mieszkają w Krakowie. ✓
7. Gdzie ..one.. mieszkają? Barbara i Elżbieta mieszkają w Gdańsku. ✓
8. ..Ja.. jestem z Krakowa. ✓
9. ..Ty.. mieszkasz w Poznaniu. ✓
10. ..My.. mieszkamy w Lublinie. ✓

Nie lubię siostry Michała!
Dopełniacz liczby pojedynczej

I. Proszę wybrać poprawną formę gramatyczną.

PRZYKŁAD:

Nie mam** siostry/**siostrę.

Wielu rzeczy nie lubię robić. Nie lubię czytać (1) książkę/książki. Nie lubię oglądać (2) telewizją/telewizji. Nie lubię też pisać (3) listu/list. Moja siostra nie je prawie nic, ponieważ ona nie lubi (4) masła/masło, (5) szynkę/szynki i (6) mięso/mięsa. Mój brat nigdy nie pije (7) sok/soku i (8) kawy/kawę. Mój kuzyn nie je nigdy (9) paprykę/papryki, a moja kuzynka nie pije (10) herbaty/herbata.

II. Proszę uzupełnić zdania formami dopełniacza liczby pojedynczej.

PRZYKŁAD:

***Mój sąsiad ma psa, a ja nie mam** psa.*
***Moja siostra lubi ser, a ja nie lubię** sera.*

1. Ja mam czas, a ty nie masz ...czasu... . ✓
2. Marek lubi sok, a Julka nie lubi ...soku... . ✓
3. Wojtek ma samochód, a ja nie mam ...samochódi... samochódu
4. Oni mają kota, a my nie mamy ...koty... kota
5. Wy macie rower, a oni nie mają ...roweri... roweru
6. Jola ma brata, a ja nie mam ...braty... . brata
7. Turysta ma mapę, a turystka nie ma ...mapie... mapy
8. Olek zna Grecję, a Marek nie zna ...Grecjy... . Grecji
9. Jakub zna Marysię, a Paweł nie zna ...Marysk... . Marysi
10. Tosia czyta książkę, a Bożena nie czyta ...książky... książki

III. Proszę napisać, co te osoby lubią (+), a czego nie lubią (–).

PRZYKŁAD:

***Matylda lubi** pizzę, ciasto, szynkę **i** sok, **ale nie lubi** sera żółtego, kawy i jogurtu.*

	pizza	ser żółty	ciasto	kawa	szynka	sok	jogurt
Matylda	+	–	+	–	+	+	–
Karol	–	+	–	+	+	–	+
Piotrek	–	+	–	+	–	+	–
Wiktoria	+	+	+	–	–	–	+
Agnieszka	–	–	+	+	+	–	–
Ja							

....

....

....

....

....

....

....

....

....

....

IV. Oto grupa studentów. Proszę napisać, kto dzisiaj jest, a kogo nie ma na zajęciach.

1. Dzisiaj na zajęciach jest: ***Ania***, ***Wiktor***, ..., ..., ...,

..............................., ..., ..., ..., ...,

..............................., ...

2. Dzisiaj na zajęciach nie ma: ***Beaty***, ..., ...

3. Dzisiaj na zajęciach nie ma: ...., ..., ...

4. Dzisiaj na zajęciach nie ma: ...., ..., ...

5. Dzisiaj na zajęciach nie ma: ...., ..., ...

V. Proszę uzupełnić dialogi.

PRZYKŁAD:

Czy jest chleb?
Tak, jest. Proszę. ☺

Czy jest chleb?
Niestety, nie ma chleba. ☹

1. Czy jest mleko?

.... ☹

2. Czy jest kawa?

.... ☺

3. Czy jest piwo?

.... ☺

4. Czy jest wino?

.... ☹

5. Czy jest cukier?

.... ☹

6. Czy jest herbata?

.... ☺

7. Czy jest kurczak?

.... ☹

8. Czy jest cebula?

.... ☹

9. Czy jest kalafior?

.... ☺

10. Czy jest melon?

.... ☹

VI. Proszę utworzyć poprawną formę nazwy miasta i odpowiedzieć na pytania.

PRZYKŁAD:

Dokąd jedziesz?
Jadę do Wieliczki (Wieliczka).

1. Dokąd jedziesz?
Jadę do .... (Kraków).
2. Dokąd oni jadą?
Oni jadą do .... (Warszawa).
3. Dokąd jedziecie?
Jedziemy do .... (Gdańsk).
4. Dokąd ona jedzie?
Ona jedzie do .... (Szczecin).
5. Dokąd one jadą?
One jadą do .... (Poznań).
6. Dokąd jedzie Paweł?
Paweł jedzie do .... (Toruń).
7. Dokąd jedzie Karolina?
Karolina jedzie do .... (Zamość).
8. Dokąd jedzie Marek?
.... (Lublin).
9. Dokąd jadą Karolina i Paweł?
.... (Olsztyn).
10. Dokąd jedziecie?
.... (Gdynia).
11. Dokąd jedziesz?
.... (Rzeszów).
12. Dokąd jedziesz?
.... (Łódź).

VII. Proszę utworzyć poprawną formę nazwy kraju.

PRZYKŁAD:

Beata leci do** Grecji **(Grecja).

Konrad jedzie do (1) .... (Francja), Kasia leci do (2) .... (Kanada), a Michał jedzie do (3) .... (Portugalia). Ania woli pojechać do (4) .... (Hiszpania), ale jej chłopak chce pojechać do (5) .... (Szwecja). Kolega Ani leci z rodzicami do (6) .... (Norwegia), a jego siostra poleci do (7) .... (Japonia). My chcielibyśmy pojechać do (8) .... (Austria), ale nasi przyjaciele chcą pojechać do (9) .... (Szwajcaria). Mój brat poleci do (10) .... (Brazylia), a moja siostra do (11) .... (Rosja).

VIII. Proszę odpowiedzieć na pytania.

PRZYKŁAD:

Skąd jest Mirka?
***Mirka jest** ze Słowacji.*

1. Skąd jest Pierre?
On jest ....

2. Skąd jest Wolfgang?
On jest ....

3. Skąd jest Sabine?
Ona jest ....

4. Skąd jest Wakako?
Ona jest ....

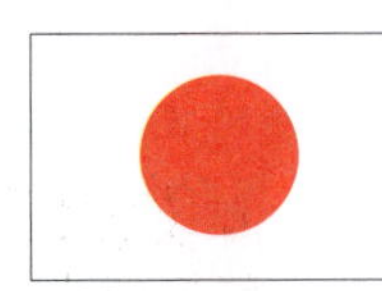

5. Skąd jest Elizabeth?
Ona jest ....

6. Skąd jest Michał?
On jest ....

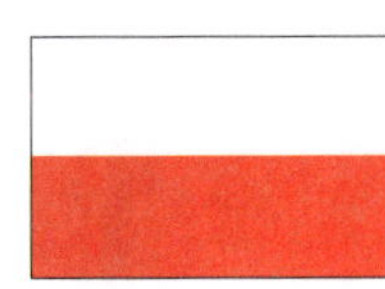

7. Skąd jest Carlos?
On jest ....

8. Skąd jest Francesco?
On jest ....
....

9. Skąd jest Sasza?
On jest ....

10. Skąd jest Patrick?
On jest ....

IX. Proszę połączyć wyrazy z lewej i prawej kolumny.

1.	***kilogram***	a	dżemu
2.	bochenek	b	sera
3.	słoik	c	***ryżu***
4.	kawałek	d	herbaty
5.	kostka	e	wina
6.	paczka	f	chleba
7.	20 deka	g	piwa
8.	butelka	h	masła
9.	karton	i	szynki
10.	puszka	j	soku

1.	2.	3.	4.	5.	6.	7.	8.	9.	10.
c									

X. Proszę wpisać wyrazy z ramki w odpowiednie miejsce tabelki.

masła * dżemu * coca-coli * cebuli * kawy * soku * miodu * kukurydzy * margaryny * herbaty * wina * mleka * soli * papryki * piwa * ryżu * cukru * makaronu * zielonego groszku

kostka	kilogram	litr	słoik	puszka	paczka
	cukru				

XI. Wyrazy z ramki proszę napisać w formie dopełniacza liczby pojedynczej.

a.

ryż * makaron * kawa * herbata * chleb * masło * szynka

Dużo: *ryżu*, ...

b.

ser * cebula * mleko * sok * woda * dżem * miód

Mało: *sera*, ...

XII. Proszę uzupełnić tekst formami dopełniacza liczby pojedynczej.

Magda musiała zrobić duże zakupy. W domu miała mało *chleba* (chleb), trochę (1) .... (masło) i niedużo (2) .... (cukier). Nie miała też (3) .... (mydło) ani (4) .... (pasta) do zębów. Najpierw poszła do (5) .... (sklep spożywczy). Kupiła tam kostkę (6) .... (margaryna), bochenek (7) .... (chleb) i kilogram (8) .... (ryż). Po chwili kupiła jeszcze 20 dekagramów (9) .... (szynka) i 30 dekagramów (10) .... (ser). Następnie poszła do drogerii i tam kupiła pudełko (11) .... (krem).

XIII. Proszę uzupełnić tekst formami dopełniacza liczby pojedynczej.

<u>**PRZYKŁAD**</u>:

To jest samochód** pana Krzysztofa **(pan Krzysztof).

Na stole w klasie leży ołówek (1) .... (Ania), długopis (2) .... (Daniel) i pióro (3) .... (Katarzyna). Na krześle jest książka (4) .... (Marek) i zeszyt (5) .... (Dominika). Na biurku stoi butelka z wodą (6) .... (pan Janek), a obok leży kanapka (7) .... (Paweł). Na podłodze stoi plecak (8) .... (Jakub) i torba (9) .... (Elżbieta). Na wieszaku wisi płaszcz (10) .... (pani Maria).

XIV. Oto mój pokój, ale nie wszystko jest moje. Proszę napisać, co jest czyje.

PRZYKŁAD:

Gazeta jest *dziadka*.

1. Kawa jest ....
2. Gitara jest ....
3. Kot jest ....
4. Pies jest ....
5. Papuga jest ....
6. Okulary są ....
7. Książka jest ....
8. Komputer jest ....
9. Kwiaty są ....
10. Torebka jest ....

XV. Proszę ułożyć pytania do podkreślonych wyrazów.

<u>PRZYKŁAD:</u>

Tamara uczy się <u>języka francuskiego</u>. — *Czego uczy się Tamara?*

1. Maria słucha <u>jazzu</u>.	....?
2. Kinga uczy się języka <u>szwedzkiego</u>.	....?
3. Nie lubię <u>gorzkiej</u> herbaty.	....?
4. To jest pies <u>Roberta</u>.	....?
5. Lucyna nie lubi <u>makaronu</u>.	....?
6. Iwona nie lubi <u>Michała</u>.	....?
7. Karolina szuka <u>książki</u>.	....?
8. Weronika nie ma <u>samochodu</u>.	....?
9. Piotrek nie kocha <u>Alicji</u>.	....?
10. To jest książka <u>Daniela</u>.	....?

XVI. Proszę ułożyć pytania do podkreślonych wyrazów.

<u>PRZYKŁAD:</u>

Iza nie lubi <u>klasycznej</u> muzyki. — *Jakiej muzyki Iza nie lubi?*

1. Konrad szuka <u>czarnego</u> swetra.	....?
2. Lucyna nie lubi <u>czerwonego</u> wina.	....?
3. Patryk uczy się języka <u>hiszpańskiego</u>.	....?
4. Weronika zjadła kolację u <u>miłej</u> koleżanki.	....?
5. Matylda przyjechała z <u>dużego</u> miasta.	....?
6. Ania chodzi do <u>prywatnej</u> szkoły.	....?
7. Idę do <u>pięknego</u> parku.	....?
8. Oni idą do <u>włoskiej</u> restauracji.	....?
9. Witek nie ma <u>sympatycznej</u> siostry.	....?
10. Irena nie ogląda <u>ciekawego</u> filmu.	....?

XVII. Proszę ułożyć pytania do podkreślonych wyrazów.

PRZYKŁAD:

Dominik wraca ze szkoły. *Skąd wraca Dominik?*

1. Alina idzie do kina.	....?
2. Lucy jest z Anglii.	....?
3. Patryk wraca do domu.	....?
4. Wracamy z Warszawy.	....?
5. Oni idą do pracy.	....?
6. Jesteśmy z Paryża.	....?

XVIII. Proszę uzupełnić tekst formami dopełniacza liczby pojedynczej.

PRZYKŁAD:

Kwiaty są dla niej (ona).

Oto zdjęcie naszej klasy. Obok (1) .... (ja) stoi Adam. Koło (2) .... (my) jest Sylwia, a obok (3) .... (ona) stoisz ty. Obok (4) .... (ty) jest Diana. Obok (5) .... (wy) stoją Bartek i Natan, a obok (6) .... (oni) Dominika i Agnieszka, a znów obok (7) .... (one) Franek. Obok (8) .... (on) stoi Karol. Niestety nie lubię (9) .... (on). Za Karolem stoją Krzysiek i Mateusz, (10) .... (oni) też nie lubię. Po prawej stronie stoją Mariola i Weronika, (11) .... (one) również nie lubię. Ty – Ewo, jesteś moją najlepszą przyjaciółką i bardzo cię lubię. Ale Klaudia jest bardzo niesympatyczna i (12) .... (ona) także nie lubię.

Mam brata i siostrę
Biernik liczby pojedynczej

I. Proszę wybrać poprawną formę rzeczownika.

PRZYKŁAD:

Monika lubi	***kawa***	***kawę*** (circled)	***kawą***	.
1. Paweł lubi	Karolinę	Karoliną	Karolina	.
2. Karolina lubi	Pawłem	Paweł	Pawła	.
3. Mikołaj je	ciastkiem	ciastko	ciastka	.
4. Oni oglądają	filmu	filmem	film	.
5. Ja lubię	muzykę	muzyki	muzyka	.
6. Sebastian pije	soku	sok	sokiem	.
7. Marek czyta	książka	książką	książkę	.
8. Wiktor zna	Kraków	Krakowa	Krakowem	.
9. Czy znacie	pan profesor Nowak	pana profesora Nowaka	panem profesorem Nowakiem	?
10. Łukasz ma	psa	psem	pies	.

II. Proszę wybrać poprawną formę przymiotnika.

PRZYKŁAD:

Monika lubi	***czarną*** (circled)	***czarnej***	***czarna***	***kawę.***
1. Beata ma	ładna	ładnej	ładną	sukienkę.
2. Konrad ma	duży	dużego	dużym	psa.
3. Kacper lubi sok	jabłkowego	jabłkowym	jabłkowy	.
4. Proszę	jasnego	jasne	jasnym	piwo.
5. Jolanta czyta literaturę	amerykańską	amerykańska	amerykańskiej	.
6. Ania pisze	długiego	długim	długi	list.
7. Dorota zna	dobry	dobrego	dobrym	dentystę.
8. Filip ma	małym	małe	małego	dziecko.
9. Czekam na	wysokim	wysoki	wysokiego	chłopaka.
10. Klementyna ma	miłą	miła	miłej	siostrę.

III. Proszę podpisać obrazek odpowiednim słowem w poprawnej formie gramatycznej.

a.

PRZYKŁAD:

On ma  *telefon.*

On ma:

1. ....

2. ....

3. ....

4. ....

5. ....

6. ....

7. ....

8. ....

9. ....

10. ....

b.

PRZYKŁAD:

Karolina kocha  *język polski.*

Ona kocha:

1. ....

2. ....

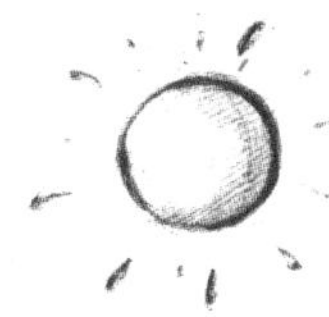

3. ....

4. ....

5. ....

6. ....

7. ....

8. ....

9. ....

10. ....

IV. Proszę podpisać obrazek odpowiednim słowem w poprawnej formie gramatycznej.

PRZYKŁAD:

Mam ochotę na  *spacer.*

1. Mam ochotę na  ....

2. Mamy ochotę na  ....

3. Mają ochotę na  ....

4. Ma ochotę na  ....

5. Masz ochotę na  ....

6. Mam ochotę na  ....

7. Mamy ochotę na 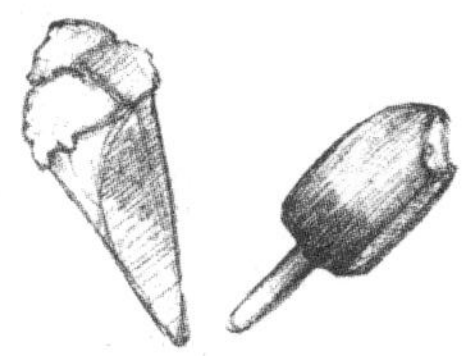 ....

8. Macie ochotę na  ....

9. Mam ochotę na  ....

10. Mają ochotę na  ....

V. Proszę popatrzeć na obrazki i napisać, co on/ona je i pije.

<u>**PRZYKŁAD**</u>:

Ona je kanapkę, banana i pije sok.

1. ....

....

....

2. ....

....

....

3. ....

....

....

4. ....

....

....

5. ....

....

....

6. ....

....

....

VI. Proszę popatrzeć na kalendarz Karoliny i napisać, co ona robi każdego dnia.

<u>PRZYKŁAD</u>:

W poniedziałek ***Karolina spotyka się z Pawłem.***

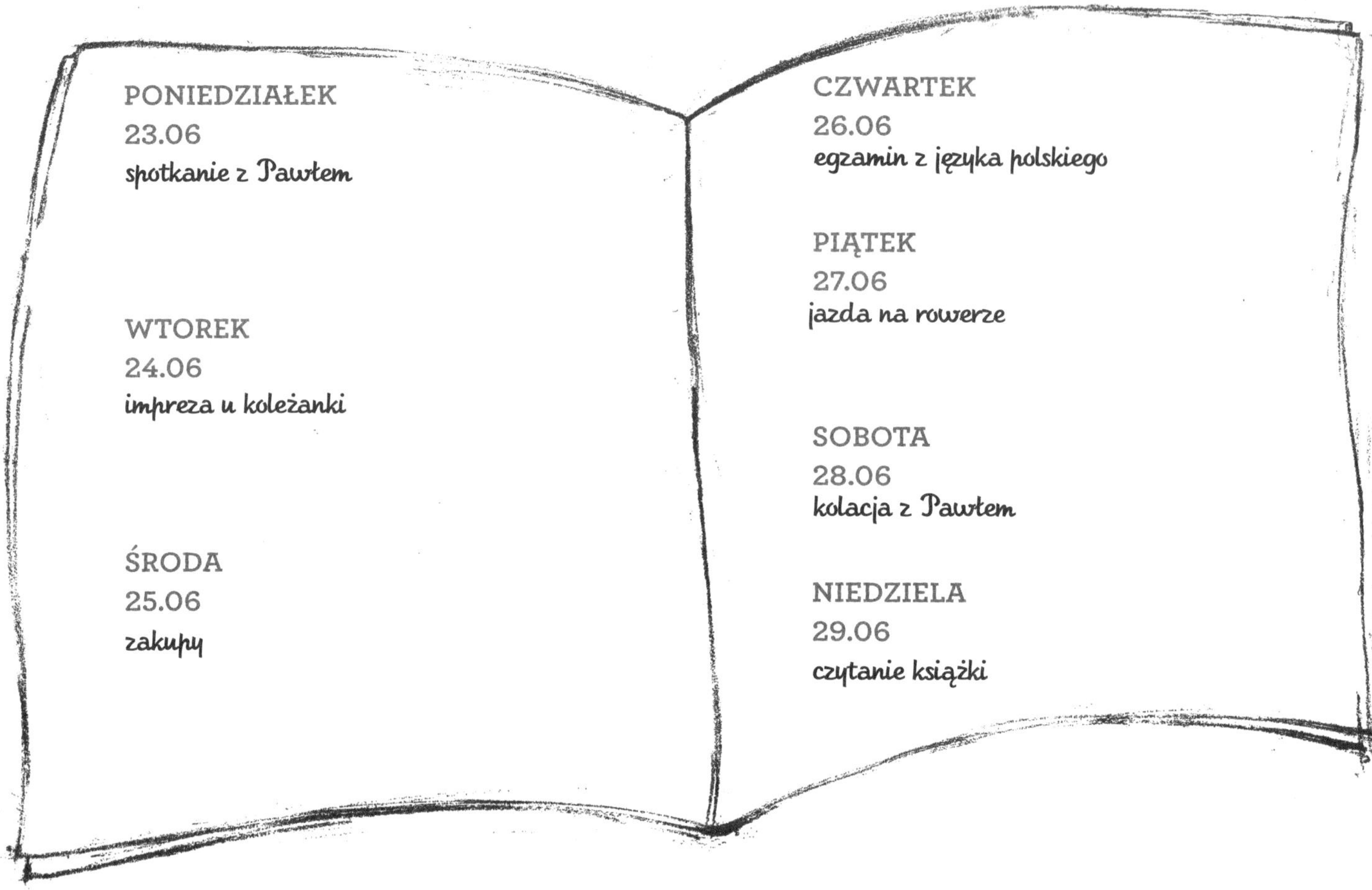

1. .... Karolina idzie na imprezę do koleżanki.
2. .... Karolina robi zakupy.
3. .... Karolina zdaje egzamin z języka polskiego.
4. .... Karolina jeździ na rowerze.
5. .... Karolina je kolację z Pawłem.
6. .... Karolina czyta książkę.

VII. Proszę zmienić zdania według wzoru.

PRZYKŁAD:

Ja (femininum) mam na sobie sweter i dżinsy. *Ja jestem ubrana w sweter i dżinsy.*
Ja jestem ubrany w garnitur. *Ja mam na sobie garnitur.*

1. Ona jest ubrana w sukienkę.	....
2. Ty (*masc.*) masz na sobie podkoszulek i spodnie.	....
3. Ona ma na sobie spódnicę i płaszcz.	....
4. On jest ubrany w spodnie i podkoszulek.	....
5. Ja (*fem.*) mam na sobie kurtkę i spodnie.	....
6. Ty jesteś ubrana w żakiet i spódnicę.	....

VIII. Proszę uzupełnić tekst odpowiednimi formami rzeczowników i przymiotników.

PRZYKŁAD:

Alicja zna *Andrzeja* ***dwa lata (Andrzej).***

Andrzej studiuje (1) .... (fizyka). On bardzo lubi (2) .... (muzyka jazzowa) i (3) .... (dobre europejskie kino). Na śniadanie Andrzej je zwykle (4) .... i .... (bułka, dżem) i pije (5) .... (czarna kawa). Potem czyta (6) .... (nowa gazeta). Andrzej ma (7) .... (duży pies). Codziennie rano idzie z psem na spacer. Czasami Andrzej czeka na (8) .... (Alicja) i idą razem. Potem Andrzej musi studiować. Kiedy wraca do domu, jest już późno. Andrzej gotuje (9) .... (obiad). Czasami ogląda później (10) .... (telewizja). Wieczorem znowu się uczy.

IX. Proszę uzupełnić tekst odpowiednimi formami rzeczowników i przymiotników.

PRZYKŁAD:

Konrad ma *siostrę* ***(siostra).***

Siostra Konrada ma na imię Iza. Oni mają także (1) .... (mama Karolina), (2) .... (tata Michał), (3) .... (babcia Helena) i (4) .... (dziadek Franciszek). Konrad i Iza lubią (5) .... (muzyka rockowa) i lubią także czytać

(6) .... (literatura sensacyjna). Oni codziennie wstają wcześnie. Na (7) .... (śniadanie) jedzą (8) ...., ..., ... (chleb, masło, miód) i piją (9) .... (mleko). Potem idą do szkoły. Kiedy wracają, babcia gotuje (10) .... (obiad). Następnie robią (11) .... (zadanie domowe). Wieczorem czasem oglądają (12) .... (film).

X. Proszę uzupełnić tekst odpowiednimi formami rzeczowników i przymiotników.

PRZYKŁAD:

One idą na** koncert **(koncert).

Ania i Małgosia są przyjaciółkami. One często chodzą do kina na (1) .... (film), a w sobotę zawsze chodzą na (2) .... (impreza) do Marka. W niedzielę przyjaciółki czasami chodzą na (3) .... (koncert) do filharmonii. Ania jest niepunktualna. Małgosia czeka zwykle na (4) .... (Ania) bardzo długo. W tę niedzielę Ania idzie do babci na (5) .... (obiad). Babcia gotuje (6) .... (zupa pomidorowa), robi (7) .... (kurczak), (8) .... (sałata) i (9) .... (ciasto). Ania bardzo lubi (10) .... (obiad) u babci.

XI. Proszę ułożyć pytania do podkreślonych wyrazów.

PRZYKŁAD:

Marysia lubi szynkę.	*Co **lubi Marysia?***
1. Krzysiek ma samochód.	....?
2. Karolina lubi Olę.	....?
3. Andrzej kocha Michalinę.	....?
4. Siostra czyta gazetę.	....?
5. Wujek pisze list.	....?
6. Zbyszek lubi Pawła i Marka.	....?
7. Kasia sprząta pokój.	....?
8. Kinga zna Alinę.	....?
9. Tomek ogląda film.	....?
10. Julek je chleb.	....?

XII. Proszę ułożyć pytania do podkreślonych wyrazów.

PRZYKŁAD:

Zosia ma przystojnego chłopaka. — *Jakiego chłopaka ma Zosia?*

1. Tamara lubi literaturę rosyjską.	...?
2. Iwona ma piękny dom.	...?
3. Bartek ma miłą siostrę.	...?
4. Tomasz i Kasia mają małe dziecko.	...?
5. Lubię nowego nauczyciela.	...?
6. Ludwik kupuje żółty ser.	...?
7. Krystyna pije czarną kawę.	...?
8. Adam lubi czerwone wino.	...?
9. Piotrek zna popularnego aktora.	...?
10. Marzena je dobre ciasto.	...?

XIII. Proszę ułożyć pytania do podkreślonych wyrazów.

PRZYKŁAD:

Czekam na Pawła już godzinę. — *Na kogo czekasz już godzinę?*

1. Czekamy na autobus 20 minut.	...?
2. Dominik pyta o książkę.	...?
3. Oni czekają na nową koleżankę.	...?
4. Teresa czeka na pociąg ekspresowy.	...?
5. Wojtek prosi o kawę.	...?
6. Krystyna gotuje zupę.	...?
7. Jakub ogląda film sensacyjny.	...?
8. Robert kocha siostrę.	...?
9. Danusia je obiad.	...?
10. Ewa pije sok pomarańczowy.	...?

XIV. Proszę wybrać odpowiedni zaimek osobowy.

PRZYKŁAD:

Czekam na	*(nią)*	*ją*	*ona*	*przed teatrem.*

1. Znam	one	nie	je	świetnie.
2. Czekają na	go	jego	niego	na Rynku.
3. Marek	ona	jej	ją	kocha.
4. Lubię	cię	ciebie	tobą	.
5. Adrian pyta o	wy	was	wami	.
6. Grzesiek	my	nas	nami	lubi.
7. Piotrek zna	ich	oni	nich	trzy miesiące.
8. Czekasz na	nią	ona	ją	?
9. Nie, czekam na	wy	wami	was	.
10. Kogo kochasz:	mną czy ją	mną czy nią	mnie czy ją	?

XV. Proszę uzupełnić zdania odpowiednim zaimkiem osobowym.

PRZYKŁAD:

Czekam na was *przed sklepem (wy).*

1. Ja bardzo .... lubię (on).
2. Muszę czekać na .... (oni).
3. Kochasz .... (ja)?
4. Tak, kocham .... (ty)!
5. Michał zna .... bardzo dobrze (ona).
6. Czekamy na .... wieczorem (wy).
7. Justyna pyta o .... (one).
8. Jesteśmy niepunktualni. Rodzina często czeka na .... (my).
9. Znam .... słabo (oni).
10. Czekamy na .... już bardzo długo (ty).

Kim jesteś?
Narzędnik liczby pojedynczej i mnogiej

I. Proszę wybrać słowo z ramki i odpowiedzieć na pytania.

sportowcem * architekt * nauczycielką * aktor * kucharzem * kierowca * pielęgniarką * **lekarz** * dziennikarka * dentystką * policjantem * piosenkarką

Kim on jest?

sportowcem

Kto to jest?

lekarz

1. Kim ona jest?

....

2. Kto to jest?

....

3. Kto to jest?

....

4. Kim on jest?

....

5. Kim ona jest?

....

6. Kim on jest?

....

7. Kto to jest?

....

8. Kto to jest?

....

9. Kim ona jest?

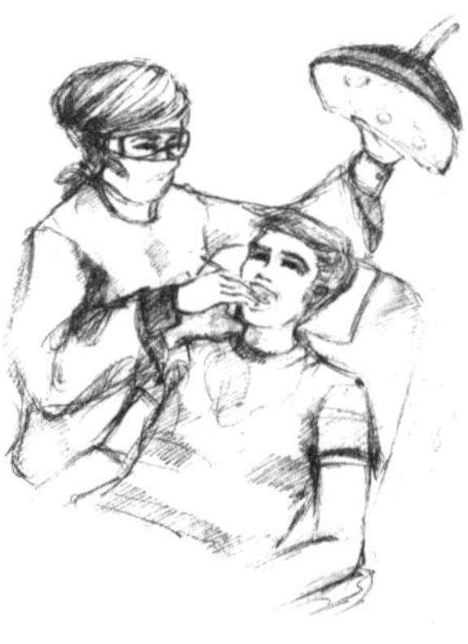

....

10. Kim ona jest?

....

II. Proszę wybrać z ramki odpowiedni rzeczownik z przymiotnikiem i odpowiedzieć na pytania.

wysoki turysta * **znana dziennikarka** * dobry aktor * popularna piosenkarka * ładna pani * zła dentystka

znaną dziennikarką * ładną panią * złą dentystką * miłymi policjantami * atrakcyjnymi dziewczynami * małymi dziećmi * dobrym aktorem

PRZYKŁAD:

Kto to jest?

***To jest** znana dziennikarka.*

Kim ona jest?

***Ona jest** znaną dziennikarką.*

1. Kto to jest?

....

2. Kim ona jest?

....

3. Kto to jest?

....

4. Kto to jest?

....

5. Kim on jest?

....

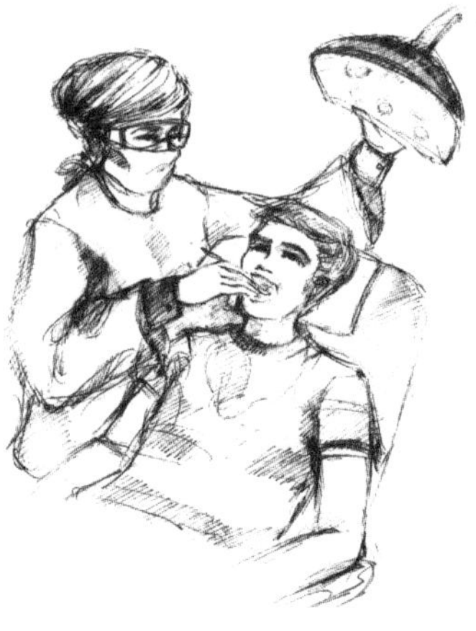

6. Kim ona jest?

....

7. Kto to jest?

....

8. Kim one są?

....

9. Kto to jest?

....

10. Kim oni są?

....

11. Kim one są?

....

III. Proszę wybrać słowa z ramki i napisać kim on/ona jest.

amerykańskim studentem * miłą Japonką * przystojnym Francuzem * inteligentną Amerykanką * sympatycznym Portugalczykiem * szczupłym Meksykaninem * zdolnym Japończykiem

PRZYKŁAD:

Kim on jest?

***On jest** zdolnym Japończykiem.*

1. Kim ona jest?

....

2. Kim on jest?

....

3. Kim ona jest?

....

4. Kim on jest?

....

5. Kim on jest?

....

6. Kim on jest?

....

IV. Proszę uzupełnić tekst odpowiednimi formami narzędnika.

PRZYKŁAD:

Magda lubi chodzić do kina z** Piotrem **(Piotr), a z** koleżanką **(koleżanka) często pije herbatę.

Z (1) .... (Jan) pływa na basenie, z (2) .... (Kasia) chodzi do szkoły, z (3) .... (koleżanki) długo rozmawia przez telefon. Z (4) .... (brat) gra w karty, a z (5) .... (siostra) ogląda telewizję.

V. Proszę odpowiedzieć na pytania.

Z kim lubisz rozmawiać?

....

Z kim lubisz tańczyć?

....

Z kim często chodzisz do kina?

....

Z kim się często spotykasz?

....

Z kim chodzisz na dyskotekę?

....

Z kim często rozmawiasz przez telefon?

....

VI. Proszę wybrać słowa z ramki i podpisać obrazki.

literaturą * nauką * teatrem * dziewczynami * językami * muzyką * poezją * malarstwem * sportem * filmem

Czym interesuje się Konrad?

PRZYKŁAD:

literaturą
....

1. ....

2. ....

3. ....

4. ....

5. ....

6. ....

7. ....

8. ....

9. ....

VII. Proszę popatrzeć na obrazki i odpowiedzieć na pytania.

PRZYKŁAD:

Czy on interesuje się muzyką?

Tak, on interesuje się muzyką.

Czy on interesuje się filmem?

Nie, on nie interesuje się filmem.

1. Czy wy interesujecie się malarstwem?

....

2. Czy oni interesują się poezją?

....

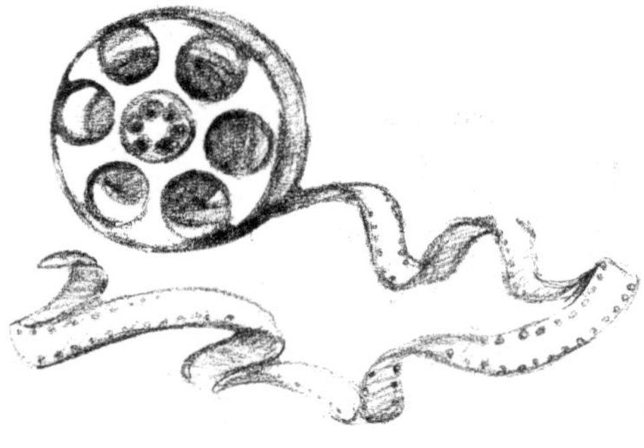

3. Czy ona interesuje się filmem?

....

4. Czy ty interesujesz się teatrem?

....

5. Czy wy interesujecie się nauką?

....

6. Czy one interesują się sportem?

....

7. Czy on interesuje się językami?

....

Czym ty się interesujesz?

....

....

VIII. Proszę uzupełnić tekst odpowiednimi formami narzędnika liczby pojedynczej.

PRZYKŁAD:

Ja interesuję się filmem i malarstwem (film, malarstwo).

Maria jest bardzo (1) .... (dobra studentka). Ona studiuje literaturę i historię. Interesuje się (2) .... (malarstwo włoskie) i (3) .... (język francuski), ponieważ jej chłopak jest (4) .... (Francuz). On ma na imię Pierre i studiuje w Polsce. Jest (5) .... (miły chłopak) i interesuje się (6) .... (muzyka jazzowa).

IX. Proszę uzupełnić tekst odpowiednimi formami narzędnika liczby pojedynczej.

PRZYKŁAD:

Ania jest ładną dziewczyną (ładna dziewczyna).

Ania jest (1) .... (koleżanka) Dominiki. Ania i Dominika chodzą razem do szkoły. Ania jest (2) .... (wysoka brunetka), a Dominika jest (3) .... (niska blondynka). Ania interesuje się (4) .... i .... (matematyka, biologia), a Dominika interesuje się (5) .... i .... (historia, literatura). Ania do szkoły jeździ (6) .... (tramwaj), a Dominika jeździ (7) .... (autobus). Ania na śniadanie pije zawsze herbatę z (8) .... (cytryna), a Dominika herbatę z (9) .... (miód). Tata Ani jest (10) .... (architekt), a tata Dominiki (11) .... (lekarz).

X. Czym oni jadą? Proszę wybrać słowa z ramki i uzupełnić zdania.

tramwajem * metrem * autobusem * ciężarówką * pociągiem * rowerem * taksówką

PRZYKŁAD:

Oni jadą autobusem.

1. Ty jedziesz ....

2. One jadą ....

3. Ja jadę ....

4. Wy jedziecie ....

5. My jedziemy ....

6. Ona jedzie ....

XI. Proszę popatrzeć na rysunek i odpowiedzieć na pytania[3].

<u>**PRZYKŁAD**</u>:

***Z kim mieszka Michał? Michał mieszka** sam.*

***Z kim mieszka Ola? Ola mieszka z** Markiem.*

1. Z kim mieszka Marek? ....
2. Z kim mieszka Ania? ....
3. Z kim mieszka Natalia? ....
4. Z kim mieszka Magda? ....
5. Z kim mieszka Paweł? ....
6. Z kim mieszka Piotrek? ....
7. Nad kim mieszkają Piotrek i Paweł? ....
....
8. Nad kim mieszkają Ania, Magda i Natalia? ....
....
9. Pod kim mieszkają Ania, Magda i Natalia? ....
....
10. Pod kim mieszkają Ola, Marek i Michał? ....
....

[3] Ćwiczenie zaczerpnięte z konspektu mojej studentki Ewy Woźniczki.

XII. W poniższych kratkach proszę znaleźć 7 rzeczowników w narzędniku liczby mnogiej. Następnie proszę wpisać je do tabelki i dopisać rzeczownik w narzędniku liczby pojedynczej[4].

A	I	K	O	T	A	M	I	D	A	W	R
S	D	I	B	R	A	Ć	M	I	D	S	O
H	Z	I	E	N	L	M	I	Y	S	I	D
A	I	L	D	C	W	I	O	Ń	O	O	Z
T	E	A	D	Y	P	S	A	M	I	S	I
I	Ć	H	M	Ć	P	G	D	G	Z	T	C
O	M	R	O	D	Ł	Y	Ń	U	B	R	A
G	I	Z	S	Ź	J	Ń	L	L	Ł	A	M
P	R	Z	Y	J	A	C	I	Ó	Ł	M	I
I	S	T	U	D	E	N	T	A	M	I	Ł
E	A	O	S	Y	J	Ć	R	Z	P	O	J

narzędnik l. mnoga	narzędnik l. pojedyncza
studentami	*studentem*

[4] Ćwiczenie zaczerpnięte z konspektu mojej studentki Ewy Woźniczki.

XIII. Proszę podpisać rysunki odpowiednimi słowami z ramki.

lekarzami * policjantami * nauczycielkami * kelnerkami * siostrami * dziećmi * braćmi * rodzicami * studentami * dentystkami * pielęgniarkami * architektami

PRZYKŁAD:

One są pielęgniarkami

1. Oni są ....

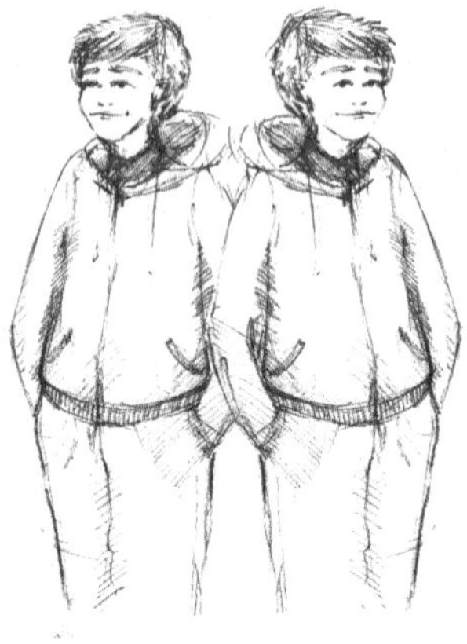

2. Oni są ....

3. One są ....

4. One są ....

5. Oni są ....

6. Oni są ....

7. One są ....

8. One są ....

9. Oni są ....

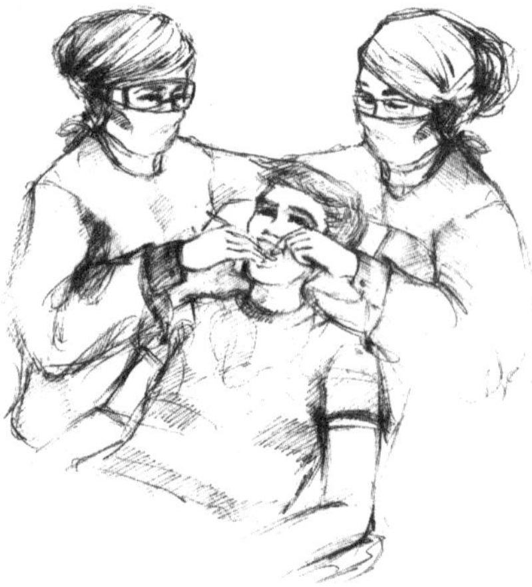

10. One są ....

11. Oni są ....

XIV. **Proszę uzupełnić tekst odpowiednimi formami rzeczowników w narzędniku liczby mnogiej.**

PRZYKŁAD:

Moi rodzice są *lekarzami* ***(lekarz).***

Mój brat i ja jesteśmy (1) .... (architekt). Moje dwie siostry są (2) .... (malarka). Kuzyn i kuzynka są (3) .... (muzyk). Mam też dwie miłe koleżanki. One są (4) .... (nauczycielka), ale nie mieszkają w Polsce. Mieszkają w Madrycie i są (5) .... (Hiszpanka). Bardzo lubię także mojego kolegę Jeana i moją koleżankę Solange. Oni mieszkają w Paryżu i są (6) .... (Francuz). Pracują w szpitalu i są (7) .... (lekarz). Moje kuzynki Karolina i Magda mieszkają w Chicago i są (8) .... (Amerykanka), a kuzyni James i Paul są (9) .... (Amerykanin). Moja mama i mój tata już nie pracują i są (10) .... (emeryt).

XV. **Proszę popatrzeć na rysunki i odpowiedzieć na pytania[5].**

PRZYKŁAD:

Gdzie są buty? Buty są ***pod samochodem, nad długopisami, między piłką a łóżkiem.***

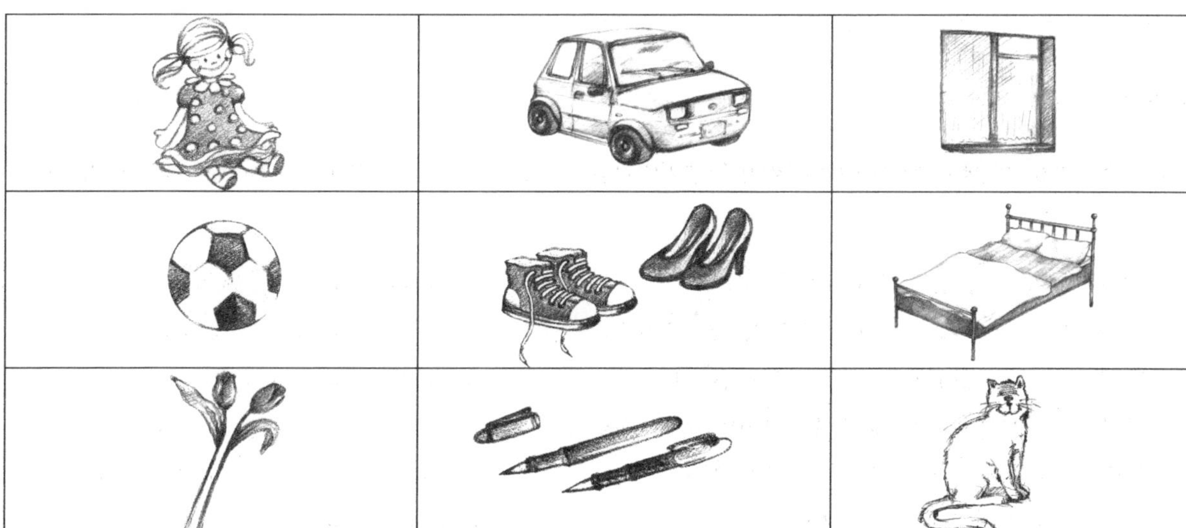

1. Gdzie jest lalka? ....
2. Gdzie jest piłka? ....
3. Gdzie są kwiaty? ....
4. Gdzie jest samochód? ....
5. Gdzie są długopisy? ....
6. Gdzie jest okno? ....
7. Gdzie jest łóżko? ....
8. Gdzie jest kot? ....

[5] Ćwiczenie zaczerpnięte z konspektu mojej studentki Ewy Woźniczki.

XVI. Proszę ułożyć pytania do podkreślonych wyrazów.

PRZYKŁAD:

Mój brat jest dentystą. — *Kim jest twój brat?*

1. Marek jest nauczycielem.	....?
2. Ala interesuje się historią.	....?
3. Jestem psychologiem.	....?
4. Karol i Piotrek interesują się samochodami.	....?
5. Michalina jest studentką.	....?
6. Artur interesuje się polityką.	....?
7. Jesteśmy lekarzami.	....?
8. Interesuję się chemią.	....?
9. Oni są architektami.	....?
10. Maciek interesuje się amerykańskim filmem.	....?

XVII. Proszę ułożyć pytania do podkreślonych wyrazów.

PRZYKŁAD:

Basia interesuje się architekturą barokową. — *Jaką architekturą interesuje się Basia?*

1. Michał jest zdolnym studentem.	....?
2. Kacper interesuje się muzyką współczesną.	....?
3. Maciek jest sympatycznym dzieckiem.	....?
4. Bartek interesuje się europejskimi filmami.	....?
5. Ania interesuje się literaturą rosyjską.	....?
6. Adam jest dobrym lekarzem.	....?
7. Olga jest inteligentną dziewczyną.	....?
8. Kasia i Wiktor są grzecznymi dziećmi.	....?
9. Oni są pracowitymi studentami.	....?
10. Staś interesuje się historią antyczną.	....?

XVIII. Proszę ułożyć pytania do podkreślonych wyrazów.

PRZYKŁAD:

Do pracy jeżdżę samochodem. *Czym jeździsz do pracy?*

1. Lubię rozmawiać z Markiem.	....?
2. Krzysiek jeździ sportowym samochodem.	....?
3. Jutro spotykamy się z Haliną.	....?
4. Kasia jeździ autobusem do szkoły.	....?
5. Jem kurczaka z frytkami.	....?
6. Tosia pije herbatę z cytryną.	....?
7. Jola spotyka się z przystojnym chłopakiem.	....?
8. Marzena idzie z Witkiem do kina.	....?
9. Dyskutujemy z Pawłem.	....?
10. Anna tańczy z Łukaszem.	....?

XIX. Proszę uzupełnić poniższy tekst odpowiednim zaimkiem osobowym.

PRZYKŁAD:

Idę z nim do kina (on).

Mam na imię Małgorzata. Mieszkam w bardzo dużym domu. Razem ze (1) .... (ja) mieszkają: Basia, Anka, Marek, Karol, Marcin, Monika i Konrad. Bardzo się lubimy i chodzimy do tej samej szkoły. Basia mieszka na X piętrze, pod (2) .... (ona) mieszka Marcin i Konrad, pod (3) .... (oni) mieszka Anka i mieszkam ja. Między (4) .... (ona) a (5) .... (ja) mieszka Marek. Pod (6) .... (my) mieszka Karol. Ach, zapomniałam! Nad (7) .... (on), czyli nad Karolem, mieszka Monika. Monika jest bardzo sympatyczną dziewczyną. Bardzo często z (8) .... (ona) rozmawiam. Często chodzimy też do teatru. Z (9) .... (my) chodzi też Konrad. On interesuje się teatrem i filmem. Karol i Marcin chodzą często na koncert, ponieważ interesują się muzyką. Z (10) .... (oni) chodzi też Basia.

Studiuję w Krakowie
Miejscownik liczby pojedynczej i mnogiej

I. Proszę wybrać poprawną formę rzeczownika.

PRZYKŁAD:

Kot śpi na	*łóżku* (circled)	*łóżkiem*	*łóżka*	.
1. Pływam w	basenem	basenu	basenie	.
2. Jesteśmy w	kino	kinie	kina	.
3. Jem obiad w	restauracji	restaurację	restauracja	.
4. Karol czeka na	przystankiem	przystanek	przystanku	.
5. Wczoraj byliśmy w	teatru	teatrze	teatrem	.
6. Dzieci kąpią się w	morzu	morzem	morza	.
7. Mój dom stoi na	góry	górę	górze	.
8. Czy studiujecie na	uniwersytet	uniwersytecie	uniwersytetu	.
9. Ludzie spacerują w	parku	parkiem	park	.
10. Moja córka jest teraz w	szkole	szkoły	szkołę	.

II. Proszę wybrać poprawną formę przymiotnika.

PRZYKŁAD:

Zosia mieszka w	*pięknym* (circled)	*pięknego*	*piękny*	*domu.*
1. Alicja pracuje w	wysokiego	wysokim	wysoki	budynku.
2. Łukasz opowiada o	ciekawą	ciekawa	ciekawej	książce.
3. Krystyna mieszka w	mały	małym	małego	mieście.
4. Stół stoi na	kolorowy	kolorowego	kolorowym	dywanie.
5. Wystawa była w	nowego	nowym	nowy	muzeum.
6. Byliśmy wczoraj na bardzo	długim	długi	długiego	filmie.
7. Rozmawialiśmy wczoraj o	piękna	pięknej	piękną	dziewczynie.
8. Mieszkamy przy	ruchliwa	ruchliwej	ruchliwą	ulicy.
9. Na	wysoka	wysoką	wysokiej	górze stał zamek.
10. Piotrek siedzi na	wygodnego	wygodne	wygodnym	krześle.

III. Proszę wybrać odpowiedni przymek.

PRZYKŁAD:

Oglądam film	*(w)*	*do*	*kinie.*
1. Piję kawę	na	do	Rynku.
2. Studiujemy	na	do	uniwersytecie.
3. Dzieci uczą się	na	w	szkole.
4. Franek mieszka	na	w	mieście.
5. Bożena mieszka	na	do	wsi.
6. Dziewczyny stoją	na	w	przystanku.
7. Oni spacerują	w	na	lesie.
8. Chłopcy bawią się	w	do	parku.
9. Mateusz śpi	w	do	pokoju.
10. Książka leży	na	w	podłodze.

IV. Proszę wybrać odpowiedni przyimek.

PRZYKŁAD:

Sofa stoi	*na*	*(przy)*	*ścianie.*
1. Ala siedzi	przy	w	stole.
2. Spotkaliśmy się	w	na	kawie.
3. Obraz wisi	na	w	ścianie.
4. Biurko stoi	przy	na	oknie.
5.	Przy	Na	domu jest ogród.
6.	Przy	Na	kinie jest parking.
7.	Przy	Na	stole stoją kwiaty.
8. Teatr jest	przy	w	placu.
9. Studenci rozmawiali	w	na	ulicy.
10. Marysia pływała	w	przy	basenie.

V. Proszę użyć poprawnej formy miejscownika liczby pojedynczej i uzupełnić zdania.

PRZYKŁAD:

On jest w Kijowie.

1. Kasia jest w ....

2. Chłopcy są w ....

3. Jestem w ....

4. Jesteście w ....

5. Paweł jest w ....

6. Urszula jest w ....

7. Dziewczyny są w ....

8. Studenci są w ....

9. Nasi przyjaciele są w ....

10. Jesteś w ....

11. Marysia jest w ....

12. Grzesiek jest w ....

13. Kinga i Jurek są w ....

14. Ola i Marek są w ....

15. Rodzice są w ....

VI. Proszę napisać, gdzie oni mieszkają.

PRZYKŁAD:

Andrzej mieszka w ***Krakowie.***

1. Zosia mieszka ....
2. Michał mieszka ....
3. Zuzia mieszka ....
4. Marta mieszka ....
5. Julek mieszka ....
6. Kuba mieszka ....
7. Agnieszka mieszka ....
8. Ola mieszka ....
9. Piotrek mieszka ....

VII. Proszę użyć poprawnej formy rzeczownika i odpowiedzieć na pytania.

PRZYKŁAD:

O czym mówisz? Mówię o Krakowie.

1. O czym mówicie?
.... (Warszawa)
2. O kim oni mówią?
.... (Marek)
3. O kim one mówią?
.... (Michał)
4. O czym ona mówi?
.... (książka)
5. O czym on mówi?
.... (film)
6. O czym mówisz?
.... (polityka)
7. O czym mówi Tomek?
.... (historia)
8. O kim mówi Anka?
.... (syn)
9. O kim mówi Matylda?
.... (siostra)
10. O czym mówi Krzysiek?
.... (dom)

VIII. Rzeczowników i przymiotników w nawiasie proszę użyć w formie miejscownika.

PRZYKŁAD:

Codziennie jem obiad w domu (dom).

Michalina lubi jeść obiad w (1) .... (restauracja). Dzisiaj Michalina i Marek idą do miasta i właśnie w (2) .... (miasto) chcą coś zjeść, a w (3) .... (kawiarnia) wypiją kawę. Znaleźli miejsce w (4) .... (ulubiona restauracja) na (5) .... (krakowski Rynek). Zjedli bardzo dobry obiad i wyszli na ulicę. Na (6) .... (ulica) spotkali swoich dobrych przyjaciół. Postanowili iść najpierw do kawiarni, a potem obejrzeć wystawę malarstwa. W (7) .... (galeria) spotkali koleżankę Michaliny, która szła na koncert. Poszli więc razem z nią. W (8) .... (filharmonia) był świetny koncert. Po (9) .... (koncert) wybrali się na piwo do pubu. W (10) .... (pub) siedzieli do północy. W końcu o pierwszej w (11) .... (noc) wrócili do domu.

IX. Proszę napisać, gdzie leżą te miasta.

PRZYKŁAD:

Kraków leży na** południu **Polski.

1. Zakopane leży na .... Polski.
2. Warszawa leży na .... Polski.
3. Gdańsk leży na .... Polski.
4. Suwałki leżą na .... Polski.
5. Szczecin leży na .... Polski.
6. Wrocław leży na .... Polski.
7. Zielona Góra leży na .... Polski.
8. Rzeszów leży na .... Polski.

X. Proszę popatrzeć na rysunek i uzupełnić tekst.

PRZYKŁAD:

Na sofie ***śpi kot.***

Książka leży (1) .... Obrazy wiszą (2) .... Książki stoją (3) .... Telefon jest (4) .... małym .... Dywan leży (5)................................. . Owoce są (6) ...., a talerz z owocami (7) .... Gazeta leży także (8) .... Krzesła stoją (9) ....

XI. Proszę uzupełnić tekst odpowiednimi formami rzeczowników i przymiotników w liczbie mnogiej.

PRZYKŁAD:

W *wysokich domach* ***mieszka wielu ludzi (wysoki dom).***

Ania każde wakacje spędza w (1) .... (góra). Koleżanka Ani woli spędzać lato w (2) .... (gorący kraj). Magda lubi opalać się na (3) .... (szeroka plaża) i pływać w (4) .... (ciepłe morze). Magda w (5) .... (ocean) ogląda i fotografuje kolorowe ryby. Ania natomiast chodzi po (6) .... (mała wieś) i śpi w (7) .... (nieduże schronisko). Magda woli mieszkać w (8) .... i .... (hotel, pensjonat). Gdy koleżanki spotykają się po (9) .... (wakacje), opowiadają o (10) .... (piękne miejsce), które widziały, i o (11) .... (nowy kolega), których poznały.

XII. Proszę ułożyć pytania do podkreślonych wyrazów.

PRZYKŁAD:

Adaś marzy o wakacjach. — *O czym marzy Adaś?*

1. Sebastian myśli o Julii. ....?
2. Monika zakochała się w Danielu. ....?
3. Krystyna marzy o podróżach. ....?
4. Mikołaj opowiadał o swoich przygodach. ....?
5. Kacper mówi o egzaminie. ....?
6. Kot śpi na fotelu. ....?
7. Oni spotkają się po filmie. ....?
8. Krzysiek mieszka w Londynie. ....?
9. Studenci test piszą w styczniu. ....?
10. Na parkingu stoją samochody. ....?

XIII. Proszę ułożyć pytania do podkreślonych wyrazów.

PRZYKŁAD:

Mieszkam w dużym domu. — *W jakim domu mieszkasz?*

1. Rozmawiamy o polityce europejskiej. ....?
2. Po eleganckiej kolacji Piotrek i Agnieszka poszli do kina. ....?
3. Michalina zakochała się w przystojnym chłopcu. ....?
4. Kot siedział na wysokim drzewie. ....?
5. W wysokich górach często jest bardzo zimno. ....?
6. Andrzej myślał o nowej koleżance. ....?
7. W dużym lesie jest bardzo cicho. ....?
8. Klucze mam w czarnej torebce. ....?
9. Spotkaliśmy się na rodzinnym obiedzie. ....?
10. Marcin był w egzotycznych krajach. ....?

XIV. Proszę uzupełnić poniższe zdania odpowiednimi zaimkami osobowymi.

PRZYKŁAD:

Karolina myślała o *nim* ***cały czas (on).***

1. Przy .... czuję się spokojna (on).
2. Najpierw Matylda zjadła kolację, a po .... poszła na spacer (ona).
3. Marek długo opowiadał o .... (wy).
4. Rodzice ciągle myślą o .... (my).
5. Nie chce mówić o .... (oni).
6. Tam są wysokie drzewa. Przy .... stoi mały dom (one).
7. Czy Daniel zakochał się we .... (ja)?
8. Ja idę na egzamin po .... (ty).
9. W rogu pokoju stało biurko. Na .... leżała książka (ono).
10. Czy będziesz myśleć o .... (ja)?

To są inteligentne studentki
Mianownik i biernik liczby mnogiej rodzaju niemęskoosobowego

I. Proszę podpisać rysunki.

<u>**PRZYKŁAD:**</u>

dom

domy

1. telefon

....

2. krzesło

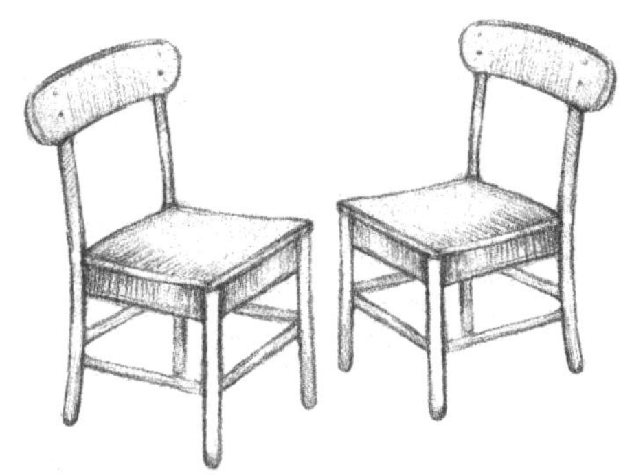

....

3. dziewczynka

....

4. pociąg ....

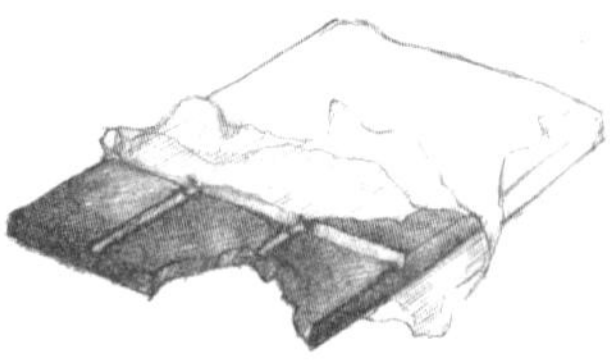

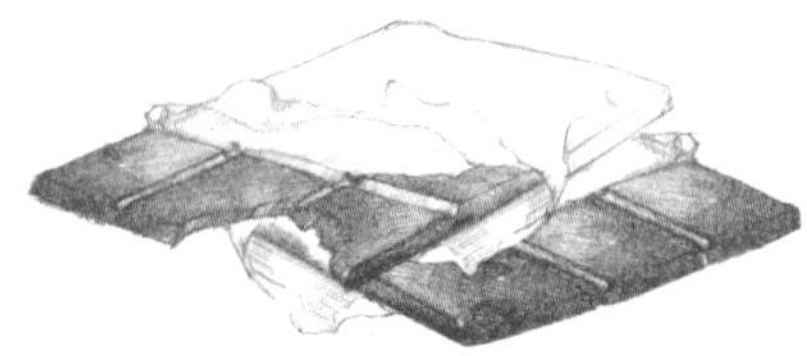

5. czekolada ....

6. ciastko ....

7. wino ....

8. herbata ....

9. piwo ....

10. kosz ....

11. drzewo ....

12. samochód ....

13. kawa ....

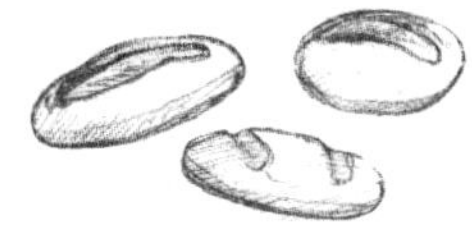

14. bułka ....

15. ogórek ....

II. Podkreślone wyrazy proszę napisać w liczbie mnogiej. Proszę pamiętać o poprawnej formie czasownika.

PRZYKŁAD:

Mały ptak siedział na drzewie.
Małe ptaki siedziały na drzewie.

1. W tym mieście jest dobry teatr.

....

2. Mały kot bawił się w ogrodzie.

....

3. Ładny talerz stał na stole.

....

4. Duży pies biegał po ulicy.

....

5. W tym muzeum jest piękny obraz.

....

III. Podkreślone wyrazy proszę napisać w liczbie mnogiej. Proszę pamiętać o poprawnej formie czasownika.

PRZYKŁAD:

W tej księgarni jest ciekawa książka.
W tej księgarni są ciekawe książki.

1. W tym filmie występuje sławna aktorka.

....

2. Piękna dziewczyna szła ulicą.

....

3. Zdolna studentka napisała bardzo dobrze test.

....

4. W lecie jest ciepła noc.

....

5. W ogrodzie jest czerwona róża.

....

IV. Podkreślone wyrazy proszę napisać w liczbie mnogiej. Proszę pamiętać o poprawnej formie czasownika.

PRZYKŁAD:

Na talerzu jest czekoladowe ciastko.
Na talerzu są czekoladowe ciastka.

1. W tym domu jest duże okno.

....

2. Czerwone jabłko było w koszyku.

....

3. W tym mieście jest nowoczesne kino.

....

4. W szkole jest piękne akwarium.

....

5. W tym sklepie jest drogie wino.

....

V. Podkreślone wyrazy proszę napisać w liczbie mnogiej.

PRZYKŁAD:

Oni mają czerwony rower. ***Oni mają czerwone rowery.***

1. Oglądam piękny obraz. ....
2. Kupiłam świeży chleb. ....
3. Zwiedzamy zabytkowy kościół. ....
4. Maciek obejrzał film kryminalny. ....
5. Oni napisali długi list. ....
6. Magda i Karol mają duży samochód. ....

VI. Podkreślone wyrazy proszę napisać w liczbie mnogiej.

PRZYKŁAD:

Agnieszka ma brązowego chomika. *Agnieszka ma brązowe chomiki.*

1. Zosia ma pięknego psa. ....
2. Krzysiek lubi małego kota. ....
3. W zoo widziałam młodego tygrysa. ....
4. W naszym zoo możesz zobaczyć indyjskiego słonia. ....
5. Piotrek ma miłego królika. ....
6. Zuzia ma żółtego kanarka. ....

VII. Podkreślone wyrazy proszę napisać w liczbie mnogiej.

PRZYKŁAD:

Jurek ma wysoką siostrę. *Jurek ma wysokie siostry.*

1. Oni jedzą świeżą bułkę. ....
2. Krysia kupiła ładną bluzkę. ....
3. Marek czyta interesującą książkę. ....
4. Mamy kolorową papugę. ....
5. Lubię letnią noc. ....
6. Michał poznał miłą dziewczynę. ....

VIII. Podkreślone wyrazy proszę napisać w liczbie mnogiej.

PRZYKŁAD:

Kuzynka piecze smaczne ciasto. *Kuzynka piecze smaczne ciasta.*

1. Jem dobre jabłko. ....
2. Zwiedziliśmy ciekawe muzeum. ....
3. Widzieliśmy piękne miasto. ....
4. Oni mają małe dziecko. ....
5. Kasia chce mieć w domu duże okno. ....
6. Andrzej zrobił trudne ćwiczenie. ....

IX. Proszę ułożyć pytania do podkreślonych wyrazów.

PRZYKŁAD:

Gazety leżą na półce. *Co* ***leży na półce?***

1. Studentki piszą test. ....?
2. Dzieci jedzą obiad. ....?
3. Owoce leżą na stole. ....?
4. Ubrania są w szafie. ....?
5. Dziewczyny grają w tenisa. ....?
6. Obrazy wiszą na ścianie. ....?

X. Proszę ułożyć pytania do podkreślonych wyrazów.

PRZYKŁAD:

W tej bibliotece są ciekawe książki. *Jakie* ***książki są w tej bibliotece?***

1. Dzieci są grzeczne. ....?
2. Psy są inteligentne. ....?
3. Wesołe dziewczyny siedzą w kawiarni. ....?
4. Kolorowe albumy są w księgarni. ....?
5. Ładne pokoje są w tym hotelu. ....?
6. Piękne róże są w ogrodzie. ....?

XI. Proszę ułożyć pytania do podkreślonych wyrazów.

PRZYKŁAD:

Oni piją soki owocowe. *Co* ***oni piją?***

1. Marek zna miłe dziewczyny. ....?
2. Jurek czyta książki fantastyczne. ....?
3. Matylda lubi francuskie filmy. ....?
4. Czekamy na nasze koleżanki. ....?
5. Pytam o nowe płyty. ....?
6. Oni jedzą ciastka orzechowe. ....?

XII. Proszę ułożyć pytania do podkreślonych wyrazów.

PRZYKŁAD:

Julka ma ładne sukienki. *Jakie sukienki ma Julka?*

1. Lubię słodkie jabłka. ....?
2. Julek ma brązowe buty. ....?
3. Maria lubi polskie piosenki. ....?
4. Babcia gotuje smaczne obiady. ....?
5. Robimy ćwiczenia gramatyczne. ....?
6. Oni kupili wygodne fotele. ....?

XIII. Proszę napisać, co Matylda, Daniel, Jola, Kuba, Iwona jedzą na śniadanie, obiad i kolację. Proszę używać tylko rzeczowników w liczbie mnogiej.

PRZYKŁAD:

Matylda na śniadanie je bułki, na obiad placki ziemniaczane, na kolację warzywa.

	śniadanie	obiad	kolacja
Matylda	*bułka*	*placek ziemniaczany*	*warzywo*
Daniel	owoc	pieróg	rogalik
Jola	jajko	naleśnik	banan
Kuba	parówka	gołąbek	jabłko
Iwona	tost	kluska	kanapka

1. Daniel ....
....
2. Jola ....
....
3. Kuba ....
....
4. Iwona ....
....

XIV. Proszę uzupełnić tekst poprawnymi formami mianownika liczby mnogiej.

PRZYKŁAD:

W pokoju są** szafy **(szafa).

Pokój był urządzony bardzo wygodnie i elegancko. Po prawej stronie, pod ścianą stały dwa (1) .... (fotel). Na podłodze pod oknem były trzy (2) .... (doniczka) z kwiatami. Na ścianie po lewej stronie wisiały cztery (3) .... (obraz). Przy drzwiach stały (4) .... (półka). Na nich były (5) .... (książka). W pokoju były też dwa (6) .... (mały stolik) i dwa (7) .... (łóżko). Na łóżkach leżały (8) .... (poduszka). Na stolikach stały (9) .... (lampka nocna). Obok nich leżały (10) .... (kolorowa gazeta). W pokoju były też dwa (11) .... (duże okno). W oknach wisiały (12) .... (biała firanka).

XV. Proszę uzupełnić tekst poprawnymi formami biernika liczby mnogiej.

PRZYKŁAD:

Mam dwie** siostry **(siostra).

Beata musiała zrobić zakupy. Na targu kupiła dwie (1) .... (sałata), trzy (2) .... (ogórek) i cztery (3) .... (pomidor). Potem kupiła dwie (4) .... (kostka) masła, trzy (5) .... (litr) mleka i dwa (6) .... (pudełko) soku. W piekarni kupiła dwa (7) .... (chleb) i cztery (8) .... (bułka). W cukierni kupiła (9) .... (ciastko) z kremem i (10) .... (herbatnik).

Ojej, nic nie pamiętam!
Ćwiczenia powtórzeniowe
Rzeczownik i przymiotnik

I. Proszę ułożyć pytania do podkreślonych wyrazów.

PRZYKŁAD:

To jest stół. — *Co to jest?*

1. On jest nauczycielem. ....?
2. To jest książka brata. ....?
3. Nie lubię czarnej kawy. ....?
4. Czekamy na profesora. ....?
5. Marta lubi Roberta. ....?

II. Proszę ułożyć pytania do podkreślonych wyrazów.

PRZYKŁAD:

To jest student. — *Kto to jest?*

1. To jest okno. ....?
2. Do pracy jeżdżę tramwajem. ....?
3. Do szkoły chodzę piechotą. ....?
4. Ona ma przystojnego chłopca. ....?
5. Widziałem ją z wysokim mężczyzną. ....?
6. On używa długopisu. ....?
7. Ania słucha muzyki klasycznej. ....?
8. Interesuję się filmem. ....?
9. Dzisiaj nie było Tomka. ....?
10. Marek jeździ sportowym samochodem. ....?

III. Proszę ułożyć pytania do podkreślonych wyrazów.

PRZYKŁAD:

Ona jest Angielką. *Kim ona jest?*

1. Nie lubię Marka. ....?
2. Studiujemy historię. ....?
3. Do Warszawy jadę pociągiem. ....?
4. On myśli o swojej dziewczynie. ....?
5. Marzę o wakacjach. ....?
6. Idę do parku. ....?
7. Oni nie piją mleka. ....?
8. Czekałam na Roberta bardzo długo. ....?
9. Ania uczy się języka francuskiego. ....?
10. To jest dom pana Nowaka. ....?

IV. Proszę ułożyć pytania do podkreślonych wyrazów.

PRZYKŁAD:

Piotr marzy o wakacjach. *O czym marzy Piotr?*

1. Marek opowiada o swoich przygodach. ....?
2. Beata myśli o Andrzeju. ....?
3. Dobre studentki są w czwartej grupie. ....?
4. Michał jest bardzo miły. ....?
5. Zapłaciliśmy za kawę. ....?
6. On jest lekarzem. ....?
7. Ona kocha Roberta. ....?
8. Dominika słucha opery. ....?
9. Przyjechałem z Anglii. ....?
10. Mieszkam w Londynie. ....?

V. Proszę napisać odpowiednie pytania do poniższych zdań.

PRZYKŁAD:

Jestem w Krakowie. — *Gdzie jesteś?*

Jadę do Krakowa. — *Dokąd jedziesz?*

Wracam z Krakowa. — *Skąd wracasz?*

1. Jadę do Poznania. ....?
2. Idą do teatru. ....?
3. Jesteśmy w domu. ....?
4. Wracam z kina. ....?
5. Wracają z Olsztyna. ....?
6. Jestem na urodzinach. ....?
7. Jadę nad morze. ....?
8. Jedziemy w góry. ....?
9. Idziemy na pocztę. ....?
10. Kasia jest na uniwersytecie. ....?

VI. Proszę wybrać odpowiednią formę rzeczownika.

PRZYKŁAD:

Piję herbatę/herbata/herbatą.

Chodziłem do (1) szkołę/szkoła/szkoły w Krakowie. Bardzo lubiłem (2) szkoła/szkołę/szkoły. Zawsze na przerwie piłem (3) mleko/mleka/mlekiem z (4) kolega/kolegę/kolegą i jadłem (5) kanapką/kanapkę/kanapka z (6) ser/sera/serem. Kiedy wracałem do (7) dom/domem/domu, rozmawiałem z (8) koleżanką/koleżanka/koleżankę. W domu jadłem (9) obiadem/obiad/obiadu. Obiad gotowała (10) mama/mamę/mamą. Po obiedzie piłem herbatę z (11) cytryna/cytrynę/cytryną, a potem czytałem (12) książkę/książka/książką. Wieczorem oglądałem (13) telewizją/telewizja/telewizję, a potem brałem (14) prysznicem/prysznic/prysznica.

VII. Proszę wybrać odpowiednią formę rzeczownika.

PRZYKŁAD:

Ona kupiła	***chleb*** (zakreślone)	***chleba***	***chlebem***	.
1. Ona często gra w	tenis	tenisa	tenisem	.
2. Nie czytałem tej	książka	książkę	książki	.
3. Widzieliśmy już ten	film	filmu	filmem	.
4. Na ulicy spotkali	Paweł	Pawła	Pawłem	.
5. Polecieli do Ameryki	samolot	samolotu	samolotem	.
6. Z samolotu widzieli	ocean	oceanem	oceanu	.
7. Mam ochotę na	kawa	kawę	kawy	.
8. Wracam do	dom	domu	domem	.
9. Idziemy od	Anna	Anny	Anną	.
10. Kocham	Wojtek	Wojtka	Wojtkiem	.

VIII. Proszę wybrać odpowiednią formę przymiotnika.

PRZYKŁAD:

W	***pięknym*** (zakreślone)	***pięknego***	***piękny***	***ogrodzie było wiele kwiatów.***
1. Obok	duży	dużego	dużym	lasu był dom.
2. Ona miała	długa	długiej	długą	sukienkę.
3. W klasie była	zielona	zieloną	zielony	tablica.
4. On jest	przystojny	przystojnym	przystojnego	chłopcem.
5. Nie czytałam tej	ciekawej	ciekawa	ciekawą	książki.
6. Zosia nosi	krótka	krótką	krótkiej	spódnicę.
7. Samochód stał za	wysokie	wysokim	wysokiego	drzewem.
8. To jest	jasne	jasnego	jasnym	piwo.
9. Obok	nowoczesne	nowoczesnym	nowoczesnego	kina jest bank.
10. Nie lubię soku	pomarańczowy	pomarańczowym	pomarańczowego	.

IX. Proszę wybrać odpowiednią formę rzeczownika i przymiotnika.

PRZYKŁAD:

Sebastian studiuje	*język polski*	*języka polskiego*	*językiem polskim*	.
1. Jedziemy	czerwona taksówka	czerwoną taksówką	czerwonej taksówki	.
2. Artur jest	pilny student	pilnego studenta	pilnym studentem	.
3. Kto lubi	zimne piwo	zimnego piwa	zimnym piwie	?
4. Mam	interesująca książka	interesującą książkę	interesującej książki	.
5. To jest	pięknym ogrodem	pięknego ogrodu	piękny ogród	.

X. Proszę uzupełnić tekst odpowiednimi formami rzeczownika.

PRZYKŁAD:

Ona przyjechała pociągiem *(pociąg).*

Wczoraj spotkałam się z moją (1) .... (przyjaciółka). Dawno nie widziałam (2) .... (Monika). Monika mieszka w (3) .... (Anglia). Jej mąż jest (4) .... (lekarz). Robert pracuje w dużej (5) .... (klinika). Często przychodzi do (6) .... (dom) późno wieczorem. Mieszkają 10 km za (7) .... (Londyn). Mają tam piękny (8) .... (dom) i (9) .... (ogród). W (10) .... (ogród) jest mały (11) .... (basen). Monika i Robert są szczęśliwą (12) .... (rodzina).

XI. Proszę uzupełnić tekst odpowiednimi formami rzeczownika.

PRZYKŁAD:

Nie lubię szpinaku *(szpinak).*

Piotr urodził się w (1) .... (miasto) koło (2) .... (Kraków). Kiedy chodził do (3) .... (szkoła), mieszkał u (4) .... (siostra) w (5) .... (Kraków). Dopiero kiedy poszedł na (6) .... (uniwersytet), zamieszkał z (7) .... (kolega) w (8) .... (akademik). Studiował (9) .... (historia) i (10) .... (filozofia).

XII. Proszę uzupełnić tekst odpowiednimi formami rzeczownika, przymiotnika lub zaimka.

PRZYKŁAD:

Wczoraj obejrzałem** ciekawy film **(ciekawy film).

Wieczorem Monika postanowiła pójść na (1) .... (spacer). Wyszła z domu i poszła w kierunku rzeki. Nad (2) .... (rzeka) było mało ludzi. Niektóre (3) .... (osoba – *pl.*) spacerowały z (4) .... (pies – *pl.*). Nagle Monika zobaczyła (5) .... (młody chłopiec), który był bardzo smutny. Podeszła do niego i zaczęła z (6) .... (on) rozmawiać. Okazało się, że miał na imię Robert. Robert dziś rano nie zdał (7) .... (egzamin) i dlatego był taki smutny. Monika zaprosiła (8) .... (on) więc do małej kawiarni. W kawiarni usiedli przy (9) .... (stolik) i długo rozmawiali. Robert był zdolny, ale nie lubił się uczyć. Monika zaproponowała mu, żeby uczyli się razem. Monika była (10) .... (pracowita dziewczyna). Robert chętnie przyjął propozycję Moniki.

XIII. Proszę uzupełnić tekst odpowiednimi formami rzeczownika.

PRZYKŁAD:

Poszedłem z** bratem **do kina (brat).

Pewnego razu Marcin pojechał ze swoją (1) .... (dziewczyna) do (2) .... (rodzina), która mieszkała na wsi, niedaleko małego (3) .... (miasto). Najpierw musieli jechać (4) .... (pociąg), potem jeszcze godzinę (5) .... (autobus). Podróż trwała bardzo długo. Następnego dnia rano Marcin wstał wcześnie i poszedł do (6) .... (ogród), żeby zrobić piękny bukiet kwiatów dla swojej (7) .... (dziewczyna), ponieważ bardzo ją kochał. Potem oboje wypili filiżankę (8) .... (kawa) i zjedli (9) .... (bułka) z (10) .... (masło).

XIV. Proszę uzupełnić tekst odpowiednimi formami rzeczownika.

PRZYKŁAD:

To jest książka mojego** brata **(brat).

Piątek był dla (1) .... (Marek) ciężkim dniem. W sobotę były imieniny jego (2) .... (żona) i po południu musiał zrobić zakupy. Już o czwartej wyszedł do (3) .... (miasto) z (4) .... (córka) i z (5) .... (syn). Do centrum pojechali (6) .... (autobus). Najpierw kupili kilogram (7) .... (ryż), potem kostkę (8) .... (masło), (9) .... (butelka) wina i paczkę (10) .... (kawa).

XV. Proszę uzupełnić tekst odpowiednimi formami rzeczownika.

PRZYKŁAD:

Tomek gra na gitarze (gitara).

Bożena nie lubiła (1) .... (szkoła). W (2) .... (szkoła) źle się uczyła i miała tylko jedną (3) .... (koleżanka). W (4) .... (dom) Bożena zamiast się uczyć, oglądała (5) .... (telewizja) albo rozmawiała ze swoim (6) .... (chłopak) przez (7) .... (telefon). Czasami grała też na (8) .... (komputer). Kiedy Bożena poszła do (9) .... (gimnazjum), zmieniła się. Chciała być (10) .... (dobra uczennica), więc ciągle się uczyła. Nie oglądała (11) .... (telewizja) i nie miała (12) .... (chłopak). Rodzice kupili dla (13) .... (Bożena) (14) .... (pies). Pies był bardzo sympatyczny i Bożena często chodziła z nim na (15) .... (spacer). Bożena zaczęła się też uczyć grać na (16) .... (flet). Okazało się, że jest bardzo muzykalna, i szybko została (17) .... (popularna flecistka).

XVI. Proszę uzupełnić tekst odpowiednimi formami rzeczownika, przymiotnika lub zaimka.

PRZYKŁAD:

Kot pije mleko (mleko).

Wojtek nie lubił latać (1) .... (samolot). Zwykle jeździł (2) .... (pociąg). W (3) .... (pociąg) czytał (4) .... (książka) albo pił (5) .... (kawa) z (6) .... (mleko). W (7) .... (piątek) jak zwykle jechał do (8) .... (Poznań), gdy do (9) .... (pociąg) wsiadł bardzo (10) .... (dziwny człowiek). Nie miał (11) .... (torba) ani (12) .... (walizka) i był bardzo smutny. Usiadł obok (13) .... (Wojtek) i jadł (14) .... (kanapka). Wojtek zaczął z (15) .... (on) rozmawiać i dowiedział się, że dziewczyna tego (16) .... (mężczyzna) opuściła go w (17) .... (niedziela) rano. Od (18) .... (niedziela) prawie nie spał i niewiele jadł. Poza tym ten człowiek bardzo długo szukał (19) .... (praca) i nie mógł jej znaleźć. Wojtek zaproponował mu (20) .... (praca) w swojej (21) .... (firma).

XVII. Proszę uzupełnić tekst odpowiednimi formami rzeczownika i przymiotnika.

PRZYKŁAD:

Często jeżdżę nad** morze **(morze), ponieważ lubię odpoczywać nad** morzem **(morze).

Moja koleżanka pojechała kiedyś nad (1) .... (Bałtyk). Niestety nad (2) .... (polskie morze) jest często zimno i pada deszcz. Dlatego następnego lata wypoczywała nad (3) .... (Morze Śródziemne). Tam z kolei było za gorąco. Wtedy postanowiła pojechać w (4) .... (góry). W (5) .... (góry) czuła się bardzo dobrze, ale niestety nie mogła pływać. Czasami chodziła nad (6) .... (mała rzeka), ale w niej woda była bardzo zimna. Wtedy zdecydowała, że pojedzie nad (7) .... (jezioro). Nad (8) .... (jezioro) było ciepło i mogła codziennie się kąpać. Od tej pory zawsze jeździ nad (9) .... (jezioro).

II

MOJE CZY TWOJE? ZAIMEK

Moje czy twoje
Zaimek

I. Proszę wybrać poprawną formę zaimka.

PRZYKŁAD:

Ten szalik jest	***twój***	***twoja***	***twoje***	.
1. Ten sweter jest	mój	moje	moja	.
2. Ta książka jest	twoja	twój	twoje	.
3. Ta płyta jest	wasz	wasze	wasza	.
4. Ten dom jest	nasze	nasza	nasz	.
5. To ciastko jest	moje	moja	mój	.
6. To jabłko jest	wasz	wasze	wasza	.
7. Ten długopis jest	twoja	twój	twoje	.
8. Ta kawa jest	mój	moje	moja	.

II. Proszę wpisać odpowiednią formę zaimka.

PRZYKŁAD:

Ten samochód jest** mój **(ja).

1. Ten telefon jest .... (on).
2. Ta czapka jest .... (ty).
3. Ta zupa jest .... (ona).
4. Te lody są .... (one).
5. Ten plecak jest .... (my).
6. To pióro jest .... (ona).
7. Ta książka jest .... (wy).
8. To zdjęcie jest .... (my).
9. Ten rower jest .... (ja).
10. Ta herbata jest .... (ja).

III. Proszę wybrać poprawną formę.

PRZYKŁAD:

	Czyja (circled)	*Czyj*	*Czyje*	***jest ta herbata?***
1.	Czyj	Czyja	Czyje	jest to wino?
2.	Czyje	Czyja	Czyj	jest ta legitymacja?
3.	Czyje	Czyja	Czyj	jest ten klucz?
4.	Czyja	Czyj	Czyje	jest ta łyżeczka?
5.	Czyj	Czyje	Czyja	jest to mleko?
6.	Czyja	Czyje	Czyj	jest ten deser?

IV. Proszę ułożyć pytania do podkreślonych zaimków.

PRZYKŁAD:

Ta torebka jest moja.

Czyja ***jest ta torebka?***

1. Ten **pies** jest ich.

....?

2. To **dziecko** jest nasze.

....?

3. Ta **zupa** jest moja.

....?

4. Ta **sukienka** jest jej.

....?

5. Ten **ołówek** jest jego.

....?

6. To **piwo** jest twoje.

....?

V. Proszę wstawić właściwy zaimek: **mój, twój** itd. lub **swój, swoja,** w odpowiedniej formie.

PRZYKŁAD:

Mam wspaniałego męża. *Mój* ***mąż jest dobry.***

Jerzy sprząta *swój* ***pokój.***

1. Marek ma .... pokój.
2. Tomek ma siostrę. .... siostra studiuje anglistykę.
3. Byli ze .... dzieckiem nad morzem.
4. Tomek pojechał ze .... bratem do Paryża.
5. Maria miała długą, czarną suknię. .... suknia była piękna.
6. Paweł kocha .... żonę.
7. Maria często myśli o .... córce.
8. To jest Krystyna. .... syn jest bardzo miły.
9. To są państwo Bednarscy. .... dom jest bardzo duży.
10. Michał był ze .... dziewczyną w kinie.

VI. Proszę wybrać właściwą formę zaimka.

PRZYKŁAD:

Nie lubię	***ty***	***(cię)***	***tobie***	.
1. Lubię	was	wy	wami	.
2. Idę z	one	im	nimi	.
3. Czekałam na	wam	was	wami	.
4. Napiszesz do	ja	mi	mnie	?
5. Cały czas myślę o	tobie	ci	ciebie	.
6. Kocham	cię	ty	tobie	.
7. On	mi	ja	mnie	nie lubi
8. Jedziemy do	oni	nich	ich	.
9. Marzę o	nim	on	mu	.
10. Kuba się	ona	nią	niej	interesuje.

VII. Proszę wybrać właściwą formę zaimka.

PRZYKŁAD:

On	*cię* (circled)	*ty*	*tobą*	*nie lubi.*
1. Telefonowałam do	on	niego	go	wczoraj.
2. Marek był z	my	nam	nami	w teatrze.
3. Michał	ona	nią	ją	kocha.
4. Codziennie czekam na	wy	was	wami	.
5. Nie ma	nich	ich	nimi	dzisiaj na lekcji.
6. On chce przyjść do	mnie	ja	mną	.

VIII. Proszę wpisać poprawną formę zaimka w narzędniku.

PRZYKŁAD:

Z kim rozmawiasz?

***Rozmawiam z** nią.*

ona

1. Z kim idziesz na kawę?

Idę na kawę z ....

on

2. Z kim się umawiasz?

Umawiam się z ....

wy

3. Z kim dyskutujesz?

Dyskutuję z ....

oni

4. Z kim się kłócisz?

Kłócę się z ....

one

5. Z kim on je obiad?

On je obiad z ....

my

6. Z kim on chce wypić herbatę ?

On chce wypić herbatę z ....

ty

7. Z kim ona lubi chodzić do kina?

Ona lubi chodzić do kina ze ....

ja

IX. Proszę uzupełnić tekst zaimkami osobowymi w dopełniaczu.

Lucyna szuka go (on), a Jurek szuka (1) .... (ona). Nie lubimy (2) .... (oni), bo są leniwi i zarozumiali. One nie lubią (3) .... (wy), ponieważ zawsze się spóźniacie. Wiem, że on (4) .... (ja) nie lubi. Ja niestety nie lubię (5) .... (ty), bo jesteś niemiły. One nie lubią (6) .... (my), a my nie lubimy (7) .... (one).

X. Proszę wpisać właściwą formę zaimka.

PRZYKŁAD:

Poszedł z** niąᅟ**do kina (ona).

1. .... jedziemy do Warszawy (my).
2. Maria tęskni za .... (on).
3. .... nie było w klasie (wy).
4. Nie chcę iść z .... (oni).
5. Nie lubią .... (my).
6. On .... kocha (one).
7. Co .... robicie po południu (wy)?
8. Widziałem .... na Rynku (on).
9. Czekały na .... dwie godziny (oni).
10. Telefonowała do .... wczoraj (ja).

XI. Proszę wpisać właściwą formę zaimka.

PRZYKŁAD:

Czy widziałeś** go **dzisiaj w szkole (on).

1. Oni pojechali z .... do Warszawy (my).
2. Nie telefonowała do .... już cztery miesiące (ja).
3. .... bawiło się grzecznie całe popołudnie (ono).
4. Nie było .... wczoraj na koncercie (oni).
5. Ona myśli o .... ciągle (on).
6. Impreza u .... była wspaniała (wy).
7. Kocham .... (ty)!
8. Nie lubimy .... (ona).
9. Czy przyjdziesz do .... (my)?
10. Nic o .... nie wiemy (one).

III

ODMIANA CZASOWNIKA

Wiem, umiem, znam
Czas teraźniejszy

I. Proszę wpisać odpowiednią formę czasownika **być** w czasie teraźniejszym.

PRZYKŁAD:

Ja** jestem **wysoka.

1. Ty .... szczupły, a Maciek .... tęgi.
2. Robert .... wesoły, a Konrad .... smutny.
3. My............................ z Krakowa, a skąd wy .... ?
4. Oni .... z Norwegii, a ja .... z Francji.
5. Maria i Anna .... z Gdańska, a ty skąd ....?
6. Karol i Piotr .... z Anglii, a Weronika .... z Hiszpanii.
7. Dominika .... ładna, ale Patrycja .... brzydka.
8. Skąd .... Bartek?
9. Czy wy .... z Portugalii?
10. Tak, (my) .... z Portugalii.

II. Proszę wpisać odpowiednią formę czasownika **być** w czasie teraźniejszym.

PRZYKŁAD:

Ty** jesteś **moją koleżanką.

1. Ja .... zdolnym studentem, a ty .... sławną aktorką.
2. Ty .... znanym lekarzem, a ona .... ładną dziewczyną.
3. On .... przystojnym policjantem, ona .... popularną aktorką, a ono .... małym dzieckiem.
4. My .... miłymi nauczycielami, a wy .... sympatycznymi studentkami.
5. Wy .... dobrymi kolegami, a oni .... sympatycznymi studentami.
6. Oni .... polskimi aktorami, a one .... znanymi dziennikarkami.

III. Proszę popatrzeć na rysunki i odpowiedzieć na pytania.

PRZYKŁAD:

Jan

Jak on ma na imię?

On ma na imię Jan.

Olga

1. Jak ona ma na imię?

....

Maria i Magda

2. Jak one mają na imię?

....

Piotr i Paweł

3. Jak oni mają na imię?

....

Ewa i Maciek

4. Jak wy macie na imię?

....

A jak Ty masz na imię?

....

IV. Proszę uzupełnić zdania odpowiednią formą czasownika nazywać się.

PRZYKŁAD:

On** nazywa się **Karol Nowak.

1. Oni .... Kowalscy.
2. My .... Kolasowie.
3. Ty .... Marcin Ostaszewski.
4. Wy .... Gronkowie.
5. Ona .... Janina Krupa.

A jak Ty się nazywasz?

....

V. Proszę wybrać odpowiednią formę czasownika.

PRZYKŁAD:

Karolina	***mam***	***ma*** (circled)	***masz***	***brata.***
1. Antek	czytacie	czytasz	czyta	książkę.
2. Oni	oglądają	ogląda	oglądamy	telewizję.
3. My	rozmawiają	rozmawiamy	rozmawia	z kolegami.
4. Franek	sprzątają	sprząta	sprzątam	pokój.
5. Dzieci	biegają	biega	biegacie	w ogrodzie.
6. Alina	kocham	kochają	kocha	Roberta.
7. (Ja)	czekamy	czeka	czekam	na siostrę.
8. Codziennie (ty)	wraca	wracasz	wracam	do domu o piątej.
9. Czy (wy) często	słuchamy	słuchasz	słuchacie	muzyki jazzowej?
10. Elżbieta wieczorem	grają	gram	gra	w tenisa.

VI. Proszę uzupełnić tekst odpowiednimi formami czasowników w czasie teraźniejszym.

PRZYKŁAD:

Bartek** ma **(mieć) kuzyna.

Bartek (1) .... (mieć) rodzinę w górach. On i Matylda (2) .... (mieć) ochotę ją odwiedzić. Matylda chce poznać rodzinę Bartka i ona też (3) .... (kochać) góry. Oni (4) .... (uwielbiać) chodzić po górach. Kuzyn Bartka (5) .... (zapraszać) jego i Matyldę do siebie. Matylda chętnie (6) .... (słuchać) muzyki góralskiej. A czy ty (7) .... (mieć) rodzinę w górach? Czy (ty) chętnie (8) .... (słuchać) muzyki góralskiej? A wy, czy (9) .... (kochać) góry? My (10) .... (uwielbiać) górskie krajobrazy. Oni (11) .... (mieszkać) w górach i (12) .... (zapraszać) was do siebie.

VII. Proszę wpisać odpowiednie formy czasowników w czasie teraźniejszym.

PRZYKŁAD:

Ja** nazywam się **(nazywać się) Katarzyna Piotrowicz.

1. Ona .... (mieszkać) w Kijowie.
2. On .... (nazywać się) Piotr Berezowski.
3. Oni .... (mieć) psa.
4. Gdzie (ty) .... (mieszkać)?
5. Czy (wy) .... (mieszkać) w Krakowie?
6. Oni .... (mieć) koleżanki w Paryżu.
7. (Ja) .... (mieszkać) w akademiku.
8. Jak one .... (nazywać się)?

VIII. Proszę wybrać odpowiednią formę czasownika.

PRZYKŁAD:

Barbara	*wiem*	*(wie)*	*wiesz*	*, gdzie on mieszka.*
1. (Ja) nie	wiem	wiemy	wiesz	, jak on się nazywa.
2. Mateusz i Piotr	je	jemy	jedzą	teraz obiad.
3. Konrad	jemy	jedzą	je	kanapkę z pomidorem.
4. Oni nie	wie	wiemy	wiedzą	, kim jest Artur.
5. Co zwykle (ty)	jecie	jesz	je	na kolację?
6. (Ja) nigdy nie	je	jem	jemy	kapusty.
7. Skąd (ty)	wie	wiecie	wiesz	, gdzie jest ta ulica?
8. Wy nigdy nic nie	wiemy	wiecie	wiesz	!
9. (My)	wiem	wiemy	wiedzą	już wszystko.
10. (Wy) za często	jecie	jem	jesz	słodycze.

IX. Proszę wybrać odpowiednią formę czasownika.

PRZYKŁAD:

Gabrysia	*(lubi)*	*lubię*	*lubisz*	*pływać.*
1. Kto	płacisz	płacę	płaci	za lody?
2. (Ja) nigdy nie	śpisz	śpię	śpi	długo.
3. Każdego popołudnia (ja)	uczę się	uczą się	uczy się	języka polskiego dwie godziny.
4. (My)	robicie	robią	robimy	dziś zakupy.
5. Codziennie (oni)	budzą się	budzicie się	budzę się	o siódmej.
6. Czym Mikołaj	jeździsz	jeździ	jeździcie	na uniwersytet?
7. Sylwia i Renata	chodzą	chodzę	chodzicie	na kurs języka japońskiego.
8. Czy (wy)	lubimy	lubią	lubicie	jeździć na nartach?
9. Karol świetnie	tańczy	tańczę	tańczysz	.
10. Czy (wy)	mówisz	mówią	mówicie	po hiszpańsku?

X. Proszę napisać, co te osoby lubią robić, a czego nie lubią robić.

PRZYKŁAD:

Profesor Kowalski lubi gotować, ale nie lubi sprzątać.

1. Michalina ....

2. Ja ....

3. On ....

4. Oni ....

5. My ....

6. Ty ....

XI. Proszę uzupełnić tekst odpowiednimi formami czasowników w czasie teraźniejszym.

PRZYKŁAD:

Maja** lubi **gotować (lubić).

Antek i Karolina (1) .... (lubić) gotować, ale nie (2) .... (lubić) sprzątać. Karolina płynnie (3) .... (mówić) po francusku i bardzo dobrze po angielsku. Antek i Karolina (4) .... (mówić) po polsku. Mikołaj często (5) .... (dzwonić) do kolegów późno w nocy. Potem on (6) bardzo długo .... (spać) rano. Mikołaj to kolega Karoliny, on (7) .... (robić) świetną pizzę, ale niestety Antek nie (8) .... (lubić) pizzy. Karolina nie (9) .... (robić) nigdy pierogów, a Antek bardzo (10) .... (lubić) pierogi. Dlatego często (oni) (11) .... (chodzić) do restauracji i (oni) (12) .... (płacić) wysokie rachunki.

XII. Proszę uzupełnić tekst odpowiednimi formami czasowników w czasie teraźniejszym.

PRZYKŁAD:

Michał** śpi **(spać) bardzo długo.

Kinga chce odwiedzić Andrzeja. Umówili się o jedenastej. Andrzej jest w domu i (1) .... (ćwiczyć), aby być w dobrej kondycji. Co chwilę (on) (2) .... (patrzeć) przez okno i (3) .... (liczyć) minuty. On czeka na Kingę. Andrzej (4) .... (widzieć), jak dziewczyna i chłopak (5) .... (tańczyć) na ulicy. Oni są bardzo weseli. Ładne dziewczyny (6)............................. (dzwonić) z budki telefonicznej. Czarny kot (7) .... (leżeć) na oknie i (8) .... (marzyć) pewnie o mleku. Nagle Andrzej (9) .... (słyszeć) dzwonek do drzwi. To Kinga. (Ja) (10) .... (cieszyć się), że cię (11) .... (widzieć) – mówi Andrzej. Czy ty też (12) .... (cieszyć się)? Oczywiście – odpowiada Kinga.

XIII. Proszę uzupełnić tekst odpowiednimi formami czasownika **musieć** w czasie teraźniejszym.

Karol za rok ma maturę. Chce studiować architekturę. Dlatego (on) *musi* dużo się uczyć. Karol i jego kolega (1) .... chodzić na lekcje rysunku. Ja chcę studiować medycynę, więc (2) .... uczyć się biologii i chemii. Moja siostra studiuje prawo i także (3) .... dużo pracować. Moja siostra i ja (4) .... wyjechać w przyszłym roku do Anglii. (5) .... zarobić trochę pieniędzy i poprawić nasz angielski. Czy ty również (6) .... dużo uczyć się lub pracować?

XIV. Proszę wybrać właściwą formę czasownika.

PRZYKŁAD:

Czy (ty)	*dajesz*	*daję*	*daje*	***dużo prezentów z okazji Świąt Bożego Narodzenia?***
1. Oni	pisze	piszą	piszę	dużo listów.
2. On	kąpię się	kąpiemy się	kąpie się	zawsze wieczorem.
3. Ania	daje	daję	dają	ci zwykle książki na urodziny.
4. O której godzinie (wy)	wstają	wstajesz	wstajecie	?
5. (My)	czeszecie się	czeszemy się	czeszą się	bardzo długo.
6. (Ty) zawsze	wstajesz	wstajecie	wstajemy	tak późno?

XV. Proszę uzupełnić tekst odpowiednimi formami czasowników w czasie teraźniejszym.

PRZYKŁAD:

Maria** kąpie się **(kąpać się) zawsze rano.

Marek lubi pisać listy. Często (on) (1) .... (pisać) też e-maile. Jego siostra Kinga rzadko (2) .... (pisać). Natomiast ona bardzo często (3) .... (czesać się). Ma piękne, długie włosy. Marek i Kinga nigdy nie (4) .... (wstawać) wcześnie. Marek (5) .... (wstawać) o dziewiątej, a Kinga jeszcze później. Ja zawsze (6) .... (wstawać) o szóstej. O której godzinie (ty) (7) .... (wstawać)? Potem (ja) (8) .... (kąpać się) szybko. Moja siostra (9) .... (kąpać się) tylko wieczorem, ale moi rodzice (10) .... (kąpać się) zawsze rano.

XVI. Proszę wpisać odpowiednią formę czasownika **móc** w czasie teraźniejszym.

PRZYKŁAD:

W tym roku nie** mogę **wyjechać na wakacje, ponieważ nie mam czasu ani pieniędzy.

1. Jola .... pojechać w przyszłym roku do Francji, ponieważ tam mieszka jej siostra.
2. My .... pracować w czasie wakacji, bo mamy dużo wolnego czasu.
3. Wy nie .... tego powiedzieć, ponieważ ona będzie bardzo smutna.
4. Ty .... zadzwonić do Pawła i zaprosić go na swoje urodziny.
5. Oni .... obejrzeć ten film. Jest bardzo dobry.
6. Maciek .... napisać do Kasi i zaprosić ją do Krakowa.
7. Ja .... pójść do biura podróży i zapytać o tę wycieczkę.

XVII. Proszę wpisać odpowiednie formy czasowników w czasie teraźniejszym.

PRZYKŁAD:

Michał pracuje *jako inżynier (pracować).*

1. Co (ty) .... (gotować)?
2. Ile to .... (kosztować)?
3. Jego siostra świetnie .... (gotować).
4. (My) .... język francuski (studiować).
5. (Oni) .... chleb (kupować).
6. (Ja) nie .... (pracować).
7. Wy .... do kolegów (mailować).
8. Marek .... książki (ilustrować).
9. O czym wy .... (dyskutować)?
10. One .... już 2 tygodnie (chorować).

XVIII. Proszę wybrać poprawną formę czasownika.

PRZYKŁAD:

Czy (ty)	*jesz*	*jedziesz*	*jedzą*	*dużo owoców?*
1. Dokąd teraz (ty)	jedziesz	jesz	jeździsz	?
2. Pan Nowak	jedzie	je	jesz	kolację.
3. Oni codziennie	jeżdżą	jadą	jedzą	autobusem do szkoły.
4. Dziewczyny	jeżdżą	jedzą	jadą	dzisiaj do Warszawy.
5. Czy (wy)	jedziecie	jeździcie	jecie	obiad?
6. (Ja)	jadę	jeżdżę	jedzą	dzisiaj wieczorem do Bożeny.
7. Krysia bardzo lubi	jechać	jeść	jeździć	na rowerze.
8. Codziennie (my)	jemy	jeździmy	jedziemy	do pracy samochodem.
9. On nigdy nie	jeździ	je	jedzie	pociągiem.
10. Zuzanna zawsze	jedzie	jedzą	je	owoce na kolację.

XIX. Proszę uzupełnić tekst odpowiednimi formami czasowników w czasie teraźniejszym.

PRZYKŁAD:

Codziennie (ja)** myję **(myć) zęby.

Codziennie (ja) (1) .... (wstawać) wcześnie rano. Moja mama (2) .... (robić) kanapki, a siostra (3) .... (gotować) mleko. Potem ja i moja siostra (4) .... (iść) na uniwersytet. (My) (5) .... (wracać) po południu.

XX. Proszę uzupełnić tekst odpowiednimi formami czasowników w czasie teraźniejszym.

PRZYKŁAD:

Codziennie rano** biorę **(brać) prysznic.

(Ja) (1) .... (wstawać) rano o siódmej. (Ja) (2) .... (iść) do kuchni i (3) .... (robić) herbatę i kawę dla całej rodziny. Moja córka (4) .... (przygotowywać) kanapki. Syn (5) .... (włączać) radio i wszyscy (my) (6) .... (słuchać) wiadomości. Córka (7) .... (dawać) jedzenie psu i kotu, a następnie (8) .... (iść) z psem na spacer. To ona (9) .... (opiekować się) zwierzętami. Mąż (10) .... (jechać) do pracy o ósmej. Dzieci same (11) .... (iść) do szkoły. Ja dużo (12) .... (pracować) w domu. (Ja) (13) .... (czytać), (14) .... (pisać), ponieważ (15) .... (być) nauczycielem języka polskiego. Po południu dzieci (16) .... (wracać) ze szkoły i (my) dużo (17) .... (rozmawiać). Cała rodzina (18) .... (jeść) obiad. Potem (my) (19) .... (pić) herbatę i (20) .... (oglądać) telewizję.

XXI. Proszę popatrzeć na rysunki i napisać, co on/ona robi.

PRZYKŁAD:

On jeździ na nartach.

1. ....

2. ....

3. ....

4. ....

5. ....

6. ....

7. ....

8. ....

9. ....

10. ....

XXII. Proszę popatrzeć na rysunki i uzupełnić dialogi.

PRZYKŁAD:

Co robisz w wolnym czasie?

W wolnym czasie *jeżdżę na nartach* ***lub*** *gram w koszykówkę.*

1. Co robi twój brat w wolnym czasie?

On ....

2. Co robi twoja siostra w wolnym czasie?

Ona ....

3. Co robicie w wolnym czasie?

My ....

4. Co oni robią w wolnym czasie?

Oni ....

5. Co one robią w wolnym czasie?

One ....

6. Co robisz w wolnym czasie?

....

XXIII. Proszę zmienić podane zdania według wzoru.

PRZYKŁAD:

***Mówię po niemiecku.** Znam język niemiecki.*

***Znam język angielski.** Mówię po angielsku.*

1. Kasia mówi po francusku. ....
2. Oni znają język portugalski. ....
3. (Wy) mówicie po hiszpańsku. ....
4. (Ty) znasz język rosyjski. ....
5. (Ja) mówię po arabsku. ....
6. (My) znamy język włoski. ....

XXIV. Proszę wstawić odpowiednią formę czasownika **chodzić** lub **iść** w czasie teraźniejszym.

PRZYKŁAD:

Codziennie (ja)** chodzę **do pracy, teraz** idę **do dentysty.

1. W każdą niedzielę (my) .... do dziadków, ale dzisiaj .... do cioci.
2. Co tydzień (wy) .... do kina, ale teraz .... do teatru.
3. Co miesiąc (on) .... do restauracji, ale teraz .... do kawiarni.
4. Dwa razy w tygodniu (ty) .... na zakupy, dzisiaj .... do biblioteki.
5. Co pół roku (oni) .... do dentysty, dzisiaj .... do okulisty.

XXV. Proszę wstawić poprawną formę czasownika **jeździć** lub **jechać**.

PRZYKŁAD:

Codziennie (on)** jeździ **samochodem do pracy, dzisiaj** jedzie **tramwajem.

1. Codziennie (ja) .... rowerem do szkoły, ale dzisiaj .... autobusem.
2. Co tydzień dyrektor .... do Warszawy, ale w tym tygodniu .... do Gdańska.
3. Raz w miesiącu ona .... do Paryża, ale w tym miesiącu .... do Londynu.
4. Co roku oni .... na wakacje do Chorwacji, ale w tym roku .... do Grecji.
5. Każdej zimy (ty) .... na narty do Włoch, ale tej zimy .... do Austrii.

XXVI. Proszę uzupełnić tekst odpowiednimi formami czasowników w czasie teraźniejszym.

PRZYKŁAD:

Profesor Kowalski** idzie **pieszo.

Profesor Kowalski przyjechał do Warszawy. Teraz (1) (on) .... (iść) ulicą. Przyjeżdża autobus. Profesor (2) .... (wsiadać) do autobusu. Profesor (3) .... (jechać) autobusem. Na następnym przystanku on (4) .... (wysiadać) z autobusu. Rozgląda się. Dwie dziewczyny (5) .... (jechać) rowerem. Turyści (6) .... (chodzić) po ulicy. Profesor Kowalski widzi, jak studenci (7) .... (wsiadać) do autobusu. Pewnie (oni) (8) .... (jechać) na uniwersytet.

XXVII. Proszę wybrać odpowiedni czasownik.

PRZYKŁAD:

Krystyna	***umie*** (circled)	***zna***	***wie***	***mówić po polsku.***

1. (Ja)	znam	umiem	wiem	jeździć na nartach.
2. Konrad świetnie	umie	wie	zna	Kraków.
3. (My)	wiemy	znamy	umiemy	, gdzie mieszka Ania.
4. Oni	wiedzą	umieją	znają	Rafała.
5. (Wy) wspaniale	umiecie	znacie	wiecie	gotować.
6. One	umieją	wiedzą	znają	profesora Kowalskiego.
7. Robert	zna	umie	wie	grać w tenisa.
8. Mój przyjaciel	zna	umie	wie	, co lubię robić.

XXVIII. Proszę poprawić podkreślone czasowniki, jeżeli są błędne.

PRZYKŁAD:

Beata zna Kraków (+).

Laura zna mówić po polsku (umie).

1. Marek wie grać w szachy (....................).
2. Marysia wie, gdzie jest Rynek (....................).
3. Monika zna gotować (....................).
4. My znamy ich bardzo dobrze (....................).
5. Robert wie Anię od roku (....................).
6. Moje siostry umieją śpiewać (....................).
7. Mój brat wie, jak zrobić bigos (....................).
8. Kasia nie zna Beaty (....................).

XXIX. Proszę uzupełnić tekst odpowiednimi formami czasowników w czasie teraźniejszym.

PRZYKŁAD:

Karolina zna (znać) Roberta od roku.

Karolina (1) .... (umieć) też świetnie gotować. My niestety nie (2) .... (umieć) gotować, (my) nie (3) .... (znać) też Roberta, ale (4) .... (wiedzieć), że Karolina to bardzo sympatyczna dziewczyna. (Ja) (5) .... (wiedzieć), że Robert bardzo lubi Karolinę. Czy (wy) (6) .... (wiedzieć), że Karolina też lubi Roberta? A czy (wy) (7) .... (znać) Roberta? Nasi przyjaciele go (8) .... (znać) i (oni) (9) .... (wiedzieć), że to bardzo inteligentny młody człowiek. Robert (10) .... (umieć) doskonale piec ciasta.

Uczyłem się całą noc!
Czas przeszły

I. Proszę wybrać odpowiednią formę czasownika w czasie przeszłym i uzupełnić zdania.

PRZYKŁAD:

Kiedy byłam mała, zawsze *jadłam* ***czekoladę na deser.***

a. jadłam	b. jadłem	c. jadła

1. Kiedy .... do kina, spotkaliśmy Marka.

a. szli	b. szły	c. szliśmy

2. Monika .... obiad trzy godziny.

a. gotował	b. gotowała	c. gotowałaś

3. Całe popołudnie Jacek i Maria .... książkę.

a. czytały	b. czytaliśmy	c. czytali

4. Rok temu (wy) .... kota.

a. mieliście	b. mieliśmy	c. miałyśmy

5. Cały dzień (my) .... na rowerze.

a. jeździli	b. jeździły	c. jeździłyśmy

6. Kiedy robiłam obiad, ... ciekawej audycji w radiu.

a. słuchałam	b. słuchałem	c. słuchała

7. Uczyliśmy się cały dzień i nie .... czasu zadzwonić do was.

a. miałyśmy	b. mieliśmy	c. mieli

8. W czasie wakacji Karolina i Magda .... Włochy.

a. zwiedzali	b. zwiedzaliście	c. zwiedzały

9. Mam na imię Marek. Wczoraj cały dzień ....

a. pracowałem	b. pracowałam	c. pracował

10. Jestem Matylda. Wczoraj wieczorem .... na dyskotece.

a. tańczyłem	b. tańczyła	c. tańczyłam

II. Proszę wybrać odpowiednią formę czasownika.

PRZYKŁAD:

Jurek	*spał* (circled)	*spała*	*spałem*	*po południu.*
1. Co Kasia	robił	robiła	robiłam	wczoraj?
2. Czy on	byłeś	była	był	w sobotę w kinie?
3. Piotr i Wojtek	uczyły się	uczyli się	uczyliśmy się	wieczorem.
4. Dawid i Irena	oglądały	oglądali	oglądaliśmy	film.
5. Krzysztof	mieszkał	mieszkała	mieszkałeś	przedtem w Warszawie.
6. Maria często	jeździła	jeździł	jeździłam	samochodem do pracy.
7. Ja (*masc.*)	szedłem	szłam	szedł	tam bardzo długo.
8. My (*masc.*)	myślałyśmy	myśleliście	myśleliśmy	o tobie.
9. Ja (*fem.*) nie	wiedziałem	wiedziała	wiedziałam	o tym.
10. Basia i Alicja	czytali	czytały	czytałyście	książkę.

III. Proszę wybrać słowa z ramki i podpisać rysunki. Co robił Maciek, kiedy chodził do szkoły?

budził się * jadł śniadanie * wracał do domu * słuchał muzyki * brał prysznic * oglądał telewizję * jadł kolację * robił zadanie domowe * czytał * szedł do szkoły * wstawał * mył zęby * ubierał się * uczył się * rozmawiał z kolegami * jadł obiad * spał * grał w piłkę

RANO

budził się ....

RANO

1. ....

2. ....

3. ....

4. ....

5. ....

PRZED POŁUDNIEM

1. ....

2. ....

3. ....

W POŁUDNIE

1. ....

2. ....

PO POŁUDNIU

1. ....

2. ....

3. ....

WIECZOREM

1. ....

2. ....

3. ....

4. ....

IV. Proszę wpisać odpowiednie formy czasowników **być** i **iść** w czasie przeszłym.

<u>**PRZYKŁAD:**</u>

Co (ty) robiłeś wczoraj?
(Ja) *szedłem* ***do apteki.***

Gdzie byłeś wczoraj?
Byłem ***w aptece.***

1. Co on robił wczoraj?
   On .... do księgarni.
   Gdzie on był wczoraj?
   On .... w księgarni.

2. Co ona robiła wczoraj?
   Ona .... do kwiaciarni.
   Gdzie ona była wczoraj?
   Ona .... w kwiaciarni.

3. Co (ty) robiłaś wczoraj?
   (Ja) .... do perfumerii.
   Gdzie byłaś wczoraj?
   (Ja) .... w perfumerii.

4. Co (wy) robiłyście wczoraj?
   (My) .... do piekarni.
   Gdzie (wy) byłyście wczoraj?
   (My) .... w piekarni.

5. Co oni robili wczoraj?
   Oni .... do cukierni.
   Gdzie oni byli wczoraj?
   Oni .... w cukierni.

6. Co (wy) robiliście wczoraj?
   (My) .... do sklepu papierniczego.
   Gdzie byliście wczoraj?
   (My) .... w sklepie papierniczym.

7. Ty .... (iść – *masc.*) do sklepu obuwniczego, a ty .... (iść – *fem.*) do sklepu odzieżowego.

8. Wy .... (iść – *masc.*) do sklepu AGD, a wy .... (iść – *fem.*) do sklepu spożywczego.

V. Proszę popatrzeć na rysunki i uzupełnić dialogi.

PRZYKŁAD:

Marku, co jadłeś wczoraj na obiad?
Jadłem pierogi.

1. Karolu, co jadłeś wczoraj na obiad?

....

2. Marysiu, co jadłaś wczoraj na kolację?

....

3. Dzieci, co jadłyście wczoraj na deser?

....

4. Co oni jedli wczoraj na śniadanie?

....

5. Co one jadły wczoraj na obiad?

....

6. Co Kamil jadł wczoraj na kolację?

....

7. Co Michalina jadła wczoraj na deser?

....

8. Co jedliście wczoraj na śniadanie?

....

9. Co jadłyście wczoraj na drugie śniadanie?

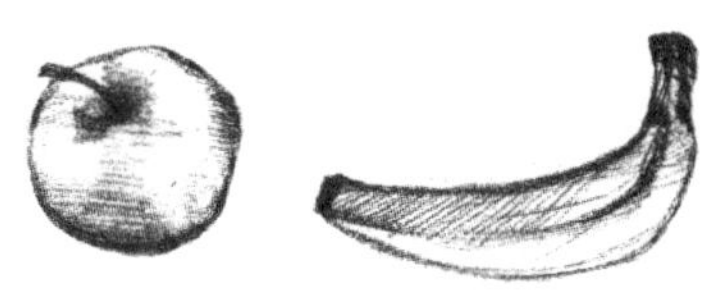

....

10. Co jedliście wczoraj na kolację?

....

VI. Proszę uzupełnić tekst odpowiednią formą czasownika **móc** w czasie przeszłym.

PRZYKŁAD:

Czy ty, Aniu, *mogłaś* ***wracać sama ze szkoły, kiedy miałaś siedem lat?***

Kiedy byłam mała i nie chodziłam do szkoły, (1) .... długo bawić się w ogrodzie. Moja koleżanka – Ewa – i ja (2) .... wstawać późno. Nasz kolega Piotrek (3) .... nas często odwiedzać. Razem: Ewa, Piotrek i ja, (4) .... codziennie chodzić na basen. Ewa miała siostrę Zuzannę, a Piotrek brata Maćka. Oni chodzili już do szkoły i nie (5) .... tak dużo bawić się w ogrodzie i (oni) nie (6) .... długo spać rano. Ewa i Zuzanna (7) .... co roku jeździć w góry, ponieważ tam mieszkali ich dziadkowie. Piotrek i Maciek (8) .... spędzać wakacje nad morzem, ponieważ tam mieszkał ich kuzyn z rodzicami. Ja i moja mała siostra (9) .... często jeździć do Grecji, ponieważ nasz tata był Grekiem. Nasza kuzynka też (10) .... jeździć z nami. A wy, co (11) .... robić, kiedy byliście mali?

VII. Proszę wpisać odpowiednie formy czasowników w czasie przeszłym.

PRZYKŁAD:

(Ja – fem.) nie *wiedziałam* ***(wiedzieć), że on wyjechał za granicę.***

1. Kinga często .... o Andrzeju (myśleć).
2. Krystian nie .... jeździć na nartach (umieć).
3. Miałam grypę i dwa tygodnie .... w łóżku (leżeć).
4. (My – *masc.*) nie ...., że ona już nie mieszka w Krakowie (wiedzieć).
5. Czy (wy – *fem.*) ...., że on ma nową pracę (wiedzieć)?
6. Niestety (ja – *masc.*) nie .... cię na ulicy (widzieć).
7. Czy (ty – *fem.*) .... zostać w domu (musieć)?
8. (My – *fem.*) nie .... czasu pójść na ten koncert (mieć).
9. Czy on i ona .... mówić po hiszpańsku (umieć)?
10. Czy one .... tam pójść (musieć)?

VIII. Proszę uzupełnić tekst odpowiednimi formami czasowników w czasie przeszłym.

Oto krótki życiorys Jacka.

Kiedy Jacek *był* (być) mały, (1) .... (chodzić) do szkoły podstawowej. Potem (2) .... (uczyć się) w gimnazjum i w liceum. W tym czasie często (3) .... (poznawać) nowych kolegów. Następnie (4) .... (studiować) fizykę przez pięć lat. W czasie studiów (5) .... (pracować) w różnych krajach i wiele (6) .... (podróżować). Potem (7) .... (zdobywać) doświadczenie na rozmaitych uniwersytetach. (8) .... (pisać) artykuły i (9) .... (jeździć) na konferencje. Dużo (10) .... (czytać). Teraz jest sławnym naukowcem i jest już na emeryturze.

IX. Proszę uzupełnić tekst odpowiednimi formami czasowników w czasie przeszłym.

PRZYKŁAD:

Wczoraj (ja – masc.) oglądałem film (oglądać).

Ten rok był dla mnie bardzo szczęśliwy. W zimie przez dwa tygodnie (ja – *masc.*) (1) .... (jeździć) na nartach. Potem wujek (2) .... (dać) mi bardzo dużo pieniędzy. (Ja – *masc.*) (3) .... (móc) pojechać do Egiptu. Zawsze (ja – *masc.*) (4) .... (marzyć) o podróżach. Moi przyjaciele i ja (5) .... (zwiedzać) piramidy i (6) .... (pływać) w morzu. Po powrocie mój kolega (7) .... (zaproponować) mi pracę w swojej firmie. Moi koledzy (8) .... (powiedzieć), że to bardzo dobra propozycja. Następnie moja koleżanka (9) .... (przedstawić) mi swoją siostrę. To bardzo piękna i mądra dziewczyna. Szybko (ja – *masc.*) (10) .... (zakochać się) w niej.

X. Proszę zamienić zdania w czasie teraźniejszym na zdania w czasie przeszłym.

PRZYKŁAD:

On pisze list.
On pisał list.

1. Dzisiaj nie ma go w klasie.

Wczoraj ....

2. My (*masc.*) jemy obiad.

....

3. Ty (*fem.*) wiesz o tym.

....

4. Idę (*fem.*) do lekarza.

....

5. On jedzie do Warszawy.

....

6. Mogę (*masc.*) to zrobić.

....

7. Nie możemy (*fem.*) cię odwiedzić.

....

8. Oni jedzą makaron.

....

9. Chcemy (*masc.*) obejrzeć ten film.

....

10. Koty leżą na łóżku.

....

Będę się uśmiechać
Czas przyszły

I. Proszę wybrać odpowiednią formę czasownika w czasie przyszłym.

PRZYKŁAD:

Ja	~~*będę*~~ (circled) *będę*	*będzie*	*będziemy*	*pisać maile.*
1. Ty	będę	będziecie	będziesz	pływać.
2. On	będzie	będę	będą	chodzić na koncerty.
3. Ona	będę	będziemy	będzie	chodzić po sklepach.
4. My	będzie	będziemy	będziecie	opalać się na plaży.
5. Wy	będziecie	będziemy	będą	czytać książki.
6. Oni	będę	będziemy	będą	tęsknić za Laurą.
7. One	będą	będę	będziemy	biegać.

II. Proszę wybrać poprawną formę czasownika w czasie przyszłym i uzupełnić zdania.

PRZYKŁAD:

Kiedy Anna będzie *w Paryżu, będzie zwiedzała zabytki.*

a. będzie	b. będę	c. będzie być

1. Anna jedzie do Paryża. Ona .... do muzeów.

a. będzie chodził	b. będzie chodziła	c. będzie chodziłam

2. W Paryżu mieszka przyjaciel Anny – Karol. Anna i Karol ....

a. będą się spotykały	b. będzie się spotykać	c. będą się spotykać

3. Karol .... Annie różne ciekawe miejsca.

a. będzie pokazywał	b. będzie pokazywała	c. będą pokazywali

4. Anna z Karolem .... obiady w dobrych restauracjach.

a. będzie jeść	b. będziecie jedli	c. będziemy jedli

5. Ja też .... Paryż.

a. będzie zwiedzać	b. będę zwiedzać	c. będzie zwiedzała

III. Proszę wybrać poprawną formę czasownika w czasie przyszłym.

PRZYKŁAD:

Ja (masc.)	***będę miał***	***będę miała***	***będzie miał***	***dużo pieniędzy.***
1. One	będzie czytały	będą czytali	będą czytały	książkę.
2. My (*masc.*)	będziemy pisały	będziemy pisali	będziecie pisali	listy.
3. Czy wy (*fem.*)	będziecie piły	będziecie pili	będziemy piły	herbatę.
4. On	będzie kupowała	będę kupował	będzie kupował	buty.
5. Oni	będą słuchały	będziemy słuchali	będą słuchali	muzyki.

IV. Proszę popatrzeć na rysunki i odpowiedzieć na pytania.

PRZYKŁAD:

Co ona będzie teraz robić?

Ona będzie teraz oglądać telewizję.

1. Co będziemy teraz robić?

My ....

2. Co będziecie teraz robić?

My ....

3. Co będziesz teraz robić?

Ja ....

4. Co on będzie teraz robić?

On ....

5. Co oni będą teraz robić?

Oni ....

6. Co one będą teraz robić?

One ....

V. Proszę zmienić zdania według wzoru.

PRZYKŁAD:

Ja (masc.) będę kupować drogie prezenty. Ja będę kupował drogie prezenty.

Ona będzie jeździła na nartach. Ona będzie jeździć na nartach.

1. Ty (*fem.*) będziesz czytać książki.

   ....

2. On będzie pracował w ogrodzie.

   ....

3. My (*masc.*) będziemy pisać e-maile.

   ....

4. Wy będziecie grały w tenisa.

   ....

5. Ja (*masc.*) będę sprzątać mieszkanie.

   ....

6. Dziecko będzie uczyć się rysować.

   ....

7. Ta lekarka będzie leczyła dzieci.

   ....

8. Ten aktor będzie występować w filmie.

   ....

9. Studenci będą pisać test.

   ....

10. Dziewczyny będą gotowały obiad.

    ....

VI. Proszę wybrać odpowiednią formę czasowników modalnych (**musieć, móc, chcieć**) w czasie przyszłym.

PRZYKŁAD:

Będę	***chciał***	***chcieć***	***studiować za granicą.***
1. Ona będzie	móc	mogła	pojechać do nich w przyszły weekend.
2. Będziesz	chciała	chcieć	napić się czegoś?
3. Będziemy	musieć	musieli	pracować dzisiaj w nocy.
4. Oni będą	musieli	musieć	zapłacić za mieszkanie.
5. Nie będę	mogła	móc	wyjechać razem z wami.
6. Będziecie	chcieć	chcieli	spotkać się z nimi?
7. Będą	móc	mogli	pojechać po babcię na dworzec?
8. On będzie	musieć	musiał	zrezygnować z pracy.
9. Będziesz	chcieć	chciała	obejrzeć ten film?
10. Będziecie	mogły	móc	zrobić zakupy?

VII. Proszę uzupełnić tekst odpowiednimi formami czasowników w czasie przyszłym.

W przyszłym roku (ja – *fem.*) będę musiała (musieć) dużo pracować. (1) (Ja – *fem.*) .... (chcieć) napisać reportaż o Afryce. (2) (Ja – *fem.*) .... (musieć) pojechać do Kenii, do Etiopii i do Egiptu. Ty (*masc.*) (3) .... (móc) pojechać ze mną, jeśli (ty) (4) .... (chcieć). My (5) .... (musieć) obserwować ludzi i ich zwyczaje, ale też (6) (my) .... (móc) spróbować ich tradycyjnej kuchni. Ludzie (7) .... (musieć) opowiedzieć nam o sobie i o tym, jak żyją, ale nie wiem, czy (oni) (8) .... (chcieć). Robert pewnie też (9) .... (chcieć) pojechać z nami, ale czy (on) (10) .... (móc) wziąć urlop w pracy?

VIII. Proszę uzupełnić tekst odpowiednimi formami czasowników w czasie przyszłym.

Kiedy (ja – *fem.*) będę miała (mieć) wakacje, (1) .... (odwiedzać) przyjaciół. (My – *masc.*) (2) .... (chodzić) do kina, (3) .... (pływać) w basenie. A ty (*masc.*) co (4) .... (robić), kiedy (5) .... wakacje (być)? Myślę, że (ja – *masc.*) (6) .... (jeździć) na rowerze, (7) .... (zwiedzać) muzea, (8) .... (pisać) e-maile. Moje kuzynki na pewno (9) .... (czytać) książki i (one) (10) .... (słuchać) muzyki.

IX. Proszę uzupełnić tekst odpowiednimi formami czasowników w czasie przyszłym.

PRZYKŁAD:

Rano (ja – masc.)** będę brał **(brać) prysznic.

W czasie wakacji (ja – *masc.*) (1) .... (wstawać) o dziewiątej. (Ja – *masc.*) (2) .... (iść) do kuchni i (3) .... (robić) herbatę i kawę dla całej rodziny. Moja żona (4) .... (budzić się) o dziesiątej. Syn (5) .... (grać) w tenisa przez dwie godziny. (My – *masc.*) (6) .... (chodzić) na spacery. Córka (7) .... (opalać się) na plaży. Nasi przyjaciele (8) .... (odwiedzać) nas wieczorem. Dzieci (9) .... (bawić się) w ogrodzie. Moja żona (10) .... (gotować) pyszne obiady. (My – *masc.*) (11) ....(czytać) interesujące książki i (12) .... (oglądać) ciekawe filmy. Po południu dzieci (13) .... (jeździć) na rowerze i (my – *masc.*) dużo (14) .... (rozmawiać).

X. Proszę ułożyć zdania w czasie przyszłym według wzoru.

PRZYKŁAD:

ja (fem.) być w Hiszpanii – zwiedzać zabytki
Kiedy będę w Hiszpanii, będę zwiedzała zabytki.

1. on jeść obiad – słuchać radia

....

2. ty (*masc.*) pić herbatę – czytać gazetę

....

3. my (*masc.*) chodzić po lesie – zbierać grzyby

....

4. oni pracować – zarabiać pieniądze

....

5. wy (*fem.*) uprawiać sport – być zdrowe

....

6. być zima – padać śnieg

....

7. być wakacje – my (*masc.*) spać długo

....

8. dominika grać na gitarze – my (*fem.*) śpiewać

....

9. Krystyna być we Francji – ja (*masc.*) często do niej telefonować

....

10. Kacper robić zakupy – płacić kartą

....

Uczę się języka polskiego, ale jeszcze się nie nauczyłem Aspekt dokonany i niedokonany w czasie przeszłym

I. Proszę połączyć czasowniki w pary aspektowe.

1.	brać	a	zamknąć
2.	**mówić**	b	wyjść
3.	spóźniać się	c	zapomnieć
4.	spotykać	d	zamówić
5.	zapraszać	e	**powiedzieć**
6.	przychodzić	f	zaprosić
7.	zapominać	g	umówić się
8.	zamawiać	h	spotkać
9.	wychodzić	i	spóźnić się
10.	umawiać się	j	przyjść
11.	zamykać	k	wziąć

1.	2.	3.	4.	5.	6.	7.	8.	9.	10.	11.
	e									

II. Proszę wybrać z ramki odpowiedni czasownik i uzupełnić pary aspektowe.

obudzić się * jeść * załatwić * zrobić * myć się * dzwonić * posprzątać * wstawać * ubrać się * pójść * przygotować * wrócić

PRZYKŁAD:

budzić się – *obudzić się*
jeść – ***zjeść***

1. sprzątać – ....
2. .... – umyć się

3. ubierać się – ....
4. robić – ....
5. .... – wstać
6. iść – ....
7. wracać – ....
8. .... – zadzwonić
9. przygotowywać – ....
10. załatwiać – ....

III. Proszę uzupełnić pary aspektowe czasownikiem niedokonanym lub dokonanym.

PRZYKŁAD:

pisać **–** *napisać*
czytać **–** ***przeczytać***

1. kupować – ....
2. .... – wziąć
3. wybierać – ....
4. mówić – ....
5. .... – zbudować
6. .... – skończyć
7. jeść – ....
8. pić – ....

IV. Przy pomocy przedrostków proszę utworzyć czasownik w aspekcie dokonanym.

z- * na- * na- * prze- * po- * wy- * u- * za- * po- * u- * z-

PRZYKŁAD:

umyć

1. .... jeść
2. .... czytać
3. .... słuchać
4. .... pić
5. .... pisać
6. .... gotować
7. .... uczyć
8. .... chorować
9. .... robić
10. .... znać

V. Proszę podpisać obrazki odpowiednimi formami czasowników w czasie przeszłym.

PRZYKŁAD:

jeść/zjeść

Oni** jedli **śniadanie.

Oni** zjedli **śniadanie.

1. budować/zbudować

Oni .... dom.

Oni .... dom.

2. kupować/kupić

Ona .... buty.

Ona .... buty.

3. robić /zrobić

Ja .... obiad.

Ja .... obiad.

4. czytać/przeczytać

Ty .... gazetę.

Ty .... gazetę.

5. pisać /napisać

Ona .... list.

Ona .... list.

6. pić/wypić

My .... kawę.

My .... kawę.

VI. Proszę podkreślić odpowiedni czasownik dokonany lub niedokonany.

PRZYKŁAD:

Wczoraj (szłam, poszłam) do kina.

Beata: Słucham.

Tomek: Cześć! Mówi Tomek. Chciałbym (1) (zapraszać, zaprosić) cię dzisiaj do kina.

Beata: Niestety nie mogę. Muszę (2) (czytać, przeczytać) bardzo długi artykuł.

Tomek: A co (3) (robiłaś, zrobiłaś) wczoraj przez cały dzień?

Beata: Po południu (4) (szli, przyszli) do mnie goście. A wieczorem musiałam (5) (pisać, napisać) list do przyjaciółki.

Tomek: Ale to jest bardzo ciekawy film. Na pewno chciałabyś go (6) (oglądać, obejrzeć).

Beata: Jaki ma tytuł ten film?

Tomek: „Tajemniczy ogród". Mój kolega (7) (oglądał, obejrzał) go wczoraj i (8) (powiedział, mówił), że jest fantastyczny.

Beata: W takim razie może się zdecyduję.

Tomek: To świetnie! Spotkamy się za piętnaście siódma przed kinem.

VII. Proszę podkreślić właściwą formę czasownika.

PRZYKŁAD:

Zadanie domowe	*zrobię*	*zrobiłam*	*robię*	*przeważnie wieczorem.*

1. Wczoraj wieczorem	poszedłem	szedłem	chodzę	do kina.
2. W zeszłą niedzielę mama	ugotowała	ugotuje	gotowała	zupę pomidorową.
3. Piotr wczoraj	jadł	będzie jadł	zjadł	całego kurczaka.
4. Wczoraj w ogóle nie	uczyłem się	uczę się	nauczyłem się	,
bo przez cały dzień	posłuchałem	słuchałem	słucham	muzyki.

VIII. Proszę wybrać odpowiedni czasownik i użyć go w poprawnej formie.

PRZYKŁAD:

Zwykle wieczorem (ja – fem.) oglądam wiadomości, ale wczoraj obejrzałam film (oglądać/ obejrzeć).

1. Codziennie (my – *fem.*) .... o godzinie siódmej, a w zeszły piątek .... o godzinie szóstej (wstawać/wstać).
2. Zwykle (ja – *masc.*) .... mleko na śniadanie, wczoraj .... kawę (pić/wypić).
3. Zawsze (ty – *fem.*) .... spać o dziesiątej, dwa dni temu .... o jedenastej (chodzić/pójść).
4. Na kolację zwykle (oni) .... chleb z szynką, wczoraj (oni) .... chleb z dżemem (jeść/zjeść).
5. Co roku (wy – *masc.*) .... wakacje nad morzem, w zeszłym roku .... je w górach (spędzać/spędzić).

IX. Proszę wybrać czasownik w odpowiednim aspekcie i użyć go w poprawnej formie.

PRZYKŁAD:

Wczoraj wieczorem Maria poszła do kina z przyjaciółmi (iść/pójść).

1. Codziennie (ja) .... o siódmej rano (wstawać/wstać).
2. Gdy (ona) go ...., od razu się zakochała (widzieć/zobaczyć).
3. Ola .... wczoraj czytać fascynującą książkę (kończyć/skończyć).
4. (Ja – *fem.*) .... już do niego pięć listów, a on do mnie ani jednego (pisać/ napisać).
5. Ona nigdy nie .... w niedzielę (gotować/ugotować).
6. Na pewno (ty – *masc.*) .... coś nieświeżego i dlatego dziś boli cię żołądek (jeść/zjeść).
7. Wczoraj na imieniny (my – *masc.*) .... Markowi eleganckie pióro (dawać/dać).
8. Wczoraj na konferencji on .... piękną angielszczyzną (mówić/powiedzieć).
9. (Oni) nie .... wczoraj tej książki, bo była za droga (kupować/kupić).
10. Tak długo dzisiaj rano (ja – *fem.*) .... zakupy, że nie miałam czasu na nic innego (robić/zrobić).

X. Proszę wybrać czasownik w odpowiednim aspekcie i użyć go w poprawnej formie czasu przeszłego lub w formie bezokolicznika.

PRZYKŁAD:

Mama zawsze *gotowała* ***(****gotować****/ugotować) pyszne obiady, ale wczoraj obiad*** *ugotowała* ***moja siostra (gotować/****ugotować****).***

Alicja często (1) .... (spotykać się/spotkać się) z Patrykiem. Wczoraj także się z nim (2) .... (spotykać/spotkać). Patryk nigdy nie (3) .... (spóźniać się/spóźnić się), jednak wczoraj pierwszy raz (4) .... (spóźniać się/spóźnić się). Alicja (5) .... (czekać/poczekać) na niego bardzo długo. W końcu Patryk (6) .... (przychodzić/przyjść). Patryk (7) .... (mówić/powiedzieć), że nie mógł nawet (8) .... (jeść/zjeść) obiadu i (9) .... (pić/wypić) kawy. (On) (10) .... (zapraszać/zaprosić) Alicję na kawę i lody do kawiarni. Alicja (11) .... (mówić/powiedzieć), że nie (12) .... (pisać/napisać) dzisiaj maila do swojej przyjaciółki i nie (13) .... (czytać/przeczytać) książki, którą powinna już oddać do biblioteki. Zdarzyło się to po raz pierwszy. Do tej pory Alicja zawsze regularnie (14) .... (pisać/napisać) maile do swoich koleżanek i (15) .... (oddawać/oddać) w terminie książki, które pożyczyła z biblioteki.

XI. Proszę wybrać czasownik w odpowiednim aspekcie i użyć go w poprawnej formie czasu przeszłego.

Pewnego dnia Marysia **wstała** (*wstawać/****wstać***) bardzo wcześnie. Zwykle (ona) (1) .... (wstawać/wstać) około dziewiątej, ale tym razem musiała zrobić wiele rzeczy. Marysia (2) .... (myć się/umyć się) i (3) .... (ubierać się/ubrać się) bardzo szybko. Zwykle (ona) (4) .... (ubierać się/ubrać się) długo, ponieważ nie mogła się zdecydować, którą sukienkę włożyć. Następnie (ona) (5) .... (sprzątać/posprzątać) mieszkanie. Codziennie Marysia (6) .... (sprzątać/posprzątać) po południu, ale dzisiaj (ona) (7) .... (robić/zrobić) to rano. Potem (ona) (8) .... (przygotowywać/przygotować) śniadanie. Była już prawie dziesiąta, a Krzysztof jeszcze nie (9) .... (budzić się/obudzić się). Marysia (10) .... (budzić/obudzić) go bardzo długo. Wreszcie Krzysztof (11) .... (wstawać/wstać). Potem (on) (12) .... (jeść/zjeść) śniadanie i razem – Marysia i Krzysztof – (13) .... (iść/pójść) załatwiać różne sprawy. (Oni) (14) .... (wracać/wrócić) późno wieczorem i Marysia zaraz (15) .... (iść/pójść) spać.

XII. Proszę wstawić odpowiednią formę czasownika **pójść** w czasie przeszłym.

PRZYKŁAD:

Czy wiesz, gdzie** poszła **Ewa?

1. Po obiedzie (my – *masc.*) .... na spacer.
2. Musimy poczekać na Adama, bo on .... tylko kupić bilety.
3. Czy Marysia .... do miasta, czy do koleżanki?
4. Dzieci .... z nauczycielkami do teatru.
5. Marku, dlaczego nie .... z nami na urodziny do Piotra?
6. Czy on już ...., czy jeszcze nie?
7. Krysiu, czy ty też .... z nimi na piwo?
8. Kto .... po bilety na dworzec?
9. Babcia .... do szpitala na badania.
10. Czy to dziecko .... samo do przedszkola?

XIII. Proszę wstawić odpowiednią formę czasu przeszłego czasownika **wziąć** i właściwymi słowami uzupełnić zdania.

PRZYKŁAD:

***Ja jestem narciarzem. Ja** wziąłem narty, buty **i** kijki.*

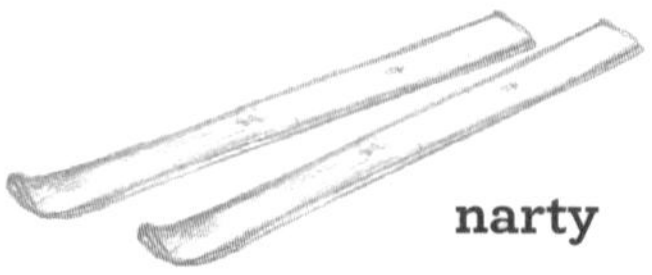
narty

buty

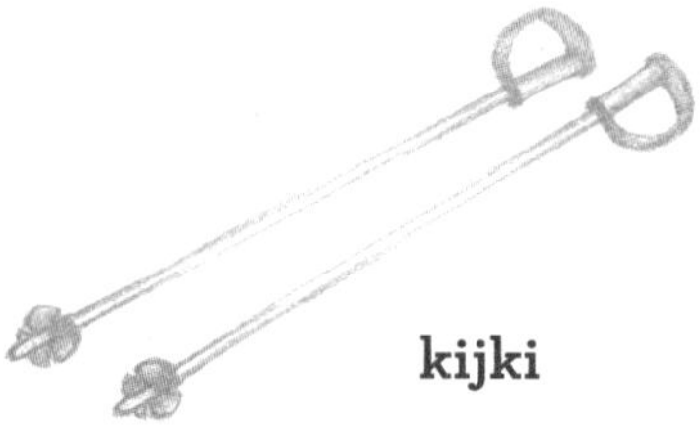
kijki

pędzle

farby

walizka

dokumenty

łyżka

nóż

piłka

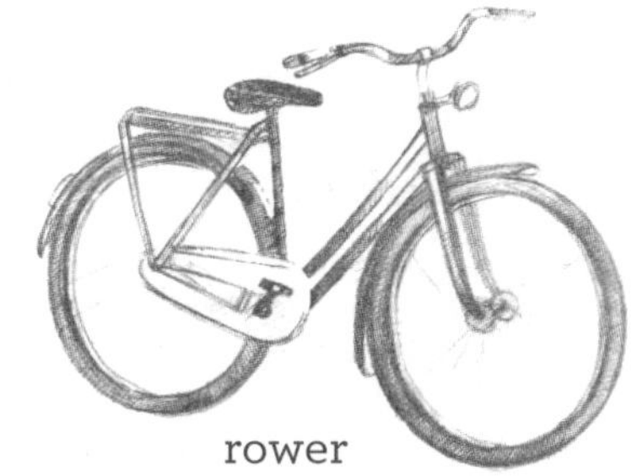
rower

plecak

plan miasta

piłka do tenisa

rakieta

szorty

pióro

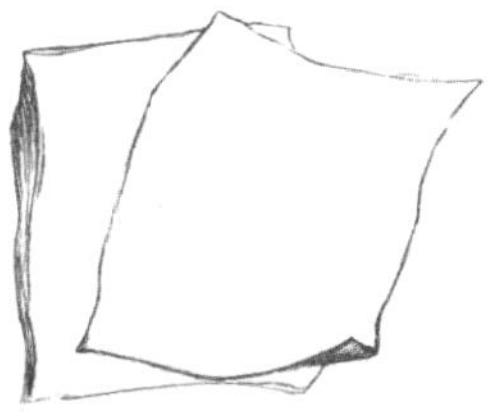
papier

łyżwy

grzebień

nożyczki

mikrofon

kwiaty

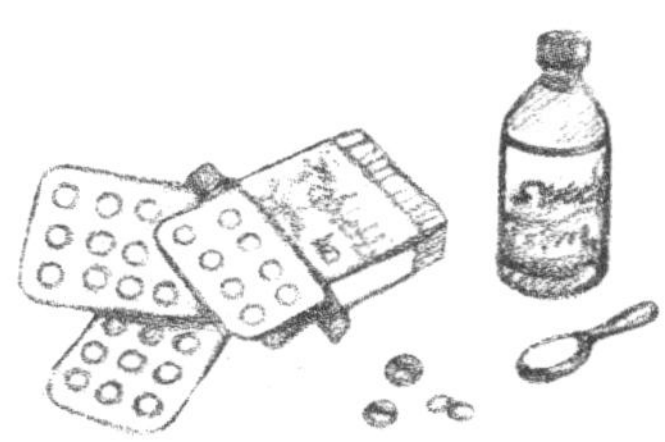
lekarstwa

1. Ja jestem malarką.	Ja ....
2. Ty jesteś pisarzem.	Ty ....
3. Ty jesteś łyżwiarką.	Ty ....
4. On jest biznesmenem.	On ....
5. Ona jest kucharką.	Ona ....
6. Ono jest dzieckiem.	Ono ....
7. My jesteśmy reporterami.	My ....
8. My jesteśmy fryzjerkami.	My ....
9. Wy jesteście lekarzami.	Wy ....
10. Wy jesteście kwiaciarkami.	Wy ....
11. Oni są tenisistami.	Oni ....
12. One są turystkami.	One ....

XIV. Proszę ułożyć zdania w czasie przeszłym według wzoru.

PRZYKŁAD:

ja (masc.) pracować na komputerze – zrobić dużo błędów
Kiedy pracowałem na komputerze, zrobiłem dużo błędów.

1. ty (*fem.*) podróżować po Egipcie – kupić pergamin

....

2. on wsiadać do tramwaju – zobaczyć Jolę

....

3. ona jechać pociągiem – poznać Piotrka

....

4. my (*masc.*) być w Krakowie – zwiedzić Wawel

....

5. wy (*fem.*) iść ulicą – spotkać Marcina

....

6. oni być na wakacjach – nauczyć się hiszpańskiego

....

7. one chodzić do szkoły – poznać wielu przyjaciół

....

XV. Proszę ułożyć zdania w czasie przeszłym według wzoru.

PRZYKŁAD:

ja (fem.) jeść obiad – zadzwonić telefon
Kiedy jadłam obiad, zadzwonił telefon.

1. ty (*masc.*) sprzątać mieszkanie – przyjść Marek

....

2. on pracować – zadzwonić Marta

....

3. ona czytać – zacząć padać deszcz

....

4. my (*fem.*) rozmawiać – przyjść Dorota

....

5. wy (*masc.*) iść ulicą – zdarzyć się wypadek

....

6. oni spać – zatelefonować Jurek

....

7. one oglądać film – przyjść sąsiad

....

Jutro zrobię zadanie domowe!
Aspekt dokonany i niedokonany w czasie przyszłym

I. Podkreślone czasowniki proszę odpowiednio wpisać do tabeli i dopisać formę bezokolicznika (infinitiv) oraz 1 i 2 osobę liczby pojedynczej (formę: ja i ty).

Bardzo lubię robić plany. W tym roku już w zimie **zaplanuję** wakacje letnie. Myślę, że **pojadę** z moimi przyjaciółmi do Grecji. **Weźmiemy** plecaki i namioty. **Będziemy spać** na campingach. Przez pierwszy tydzień **będziemy** tylko **odpoczywać**. **Będziemy nurkować** w morzu i **będziemy opalać się** na plaży. Potem **pojedziemy** do Aten i **zwiedzimy** Akropol. **Spotkamy się** z naszą koleżanką, która mieszka w Grecji. **Będziemy** u niej **mieszkać** pięć dni. **Będziemy** z nią **zwiedzać** muzea i zabytki. Na pewno **zrobimy** piękne zdjęcia. Do Polski **wrócimy** w sierpniu.

Czasowniki niedokonane (aspect imperfect)		Czasowniki dokonane (aspect perfect)	
spać	będziemy spać (będę, będziesz spać)	zaplanować	zaplanuję (zaplanuję, zaplanujesz)

II. Proszę wybrać odpowiedni czasownik dokonany lub niedokonany.

PRZYKŁAD:

Jutro	*przyjdą*	*będą przychodziły*	*do mnie przyjaciółki.*
1. Maciek	będzie dzwonił	zadzwoni	do ciebie jutro wieczorem.
2. Następnego lata	pojedziemy	będziemy jechać	do Hiszpanii.
3. Czy chcesz wieczorem	oglądać	obejrzeć	ten dobry film?
4.	Zjem	Będę jadł	kolację,
a potem	będę szedł	pójdę	.
5.	Kupię	Będę kupowała	ten płaszcz.
6. Czy	zaprosicie	będziecie zapraszać	Michała na urodziny?
7. Czy	będziesz piła	wypijesz	jeszcze jedną kawę?
8. Chcemy	przeczytać	czytać	tę książkę.
9. Muszę	pisać	napisać	zadanie.
10. Niestety, nie	przyjdę	będę przychodziła	do was jutro.

III. Proszę wybrać odpowiedni czasownik dokonany lub niedokonany.

PRZYKŁAD:

Jutro** obudzę się/**będę budzić się wcześnie.

Jutro Elżbieta (1) będzie jechać/pojedzie na wycieczkę do Zakopanego. Dlatego rano (2) wstanie/będzie wstawać wcześnie. Potem szybko (3) będzie się myć/umyje się i (4) będzie ubierać się/ubierze się. Następnie (5) zje/będzie jeść śniadanie i (6) wypije/będzie pić kawę. O siódmej (7) będzie szła/pójdzie na dworzec. Na dworcu (8) spotka się/będzie spotykać się z przyjaciółmi. O dziesiątej oni będą już w Zakopanem. Przyjaciele (9) spędzą/będą spędzać w Zakopanem trzy dni. Codziennie (oni) (10) pójdą/będą chodzić na wycieczki w góry, (11) będą jeść/zjedzą tradycyjne góralskie sery i (12) będą słuchać/posłuchają góralskiej muzyki. Elżbieta (13) wróci/będzie wracać do domu we wtorek. Potem przez pięć dni (ona) (14) będzie się uczyć/nauczy się do egzaminu.

IV. Proszę uzupełnić tekst odpowiednimi formami czasowników w czasie przyszłym.

Jutro (ja) pojadę (pojechać) do Agaty i (ja) (1) .... (pomóc) jej w malowaniu mieszkania. Może i ty (2) .... (pojechać) ze mną i jej (ty) (3) .... (pomóc)? (My) (4) .... (pojechać) razem moim samochodem, a po drodze (my) (5) .... (kupić) różne dobre ciastka. Potem (my) wszyscy (6) .... (zjeść) podwieczorek i (7) .... (wypić) pyszną herbatę. Wieczorem (ja) (8) .... (pójść) do kina, a ty dokąd (9) .... (pójść)? W niedzielę Marek i Robert (10) .... (pojechać) w góry i chyba ja także (11) .... (pojechać) z nimi. A może ty (12) .... (zapomnieć) o kłótni z Robertem i wybierzesz się razem z nami?

V. Proszę wpisać odpowiednie formy czasowników w czasie przyszłym.

PRZYKŁAD:

Ja (fem.)** będę mieć/miała **dużo pieniędzy (mieć).
On** przeczyta **tę książkę (przeczytać).

1. One .... do Francji (pojechać).
2. My (*masc.*) .... listy (pisać).
3. Czy (wy) .... herbatę (wypić)?
4. On .... album (kupić).
5. One .... tu jutro (być).
6. Konrad .... obiad o drugiej (zjeść).
7. Jutro (ja – *fem.*) .... nową książkę (czytać).
8. Może wieczorem (my) .... do kina (pójść)?
9. Czy (ty) .... tę dobrą zupę (ugotować)?
10. W czasie wakacji (oni) .... w morzu (kąpać się).

VI. Proszę wybrać czasownik w odpowiednim aspekcie i użyć go w poprawnej formie czasu przyszłego.

PRZYKŁAD:

W przyszłym roku (ja) pójdę (iść/pójść) na studia.

(Ja – *fem.*) studiuję teraz romanistykę w Krakowie, ale po wakacjach (1) .... (jechać/pojechać) do Francji. (Ja – *fem.*) (2) .... (studiować) w Paryżu. Interesuję się tłumaczeniem i mam nadzieję, że w przyszłości (3) .... (tłumaczyć/przetłumaczyć) książki, ale też (4) .... (móc) pracować jako tłumacz symultaniczny. Mam nadzieję, że na studiach w Paryżu (ja – *fem.*) (5) .... (spotykać/spotkać) wielu wspaniałych ludzi. Kiedy (ja – *fem.*) (6) .... (wracać/wrócić) do Polski, (7) .... (mieć) większe szanse na dobrą pracę. (Ja – *fem.*) (8) .... (kupować/kupić) piękne mieszkanie i samochód. (Ja – *fem.*) (9) .... (jeździć/jechać/pojechać) w każdy weekend za miasto i tam (10) .... (oglądać/obejrzeć) krajobrazy.

VII. Proszę wybrać czasownik w odpowiednim aspekcie i użyć go w poprawnej formie czasu przyszłego.

PRZYKŁAD:

Jutro (ja) wstanę o ósmej (wstawać/wstać).

1. Jutro (ja – *fem.*) .... do księgarni (iść/pójść) i .... najnowszy słownik języka polskiego (kupować/kupić).
2. Oni .... ten film przez dwie godziny (oglądać/obejrzeć).
3. Kiedy (ty – *masc.*) .... obiad (gotować/ugotować)? Jestem bardzo głodny.
4. Od jutra (my – *masc. pers.*) .... języka francuskiego trzy razy w tygodniu (uczyć się/nauczyć się).
5. Za rok Grzegorz .... do swojego wujka do Australii (jechać/pojechać).
6. Od następnego miesiąca (ja – *masc.*) .... kawę tylko raz dziennie (pić/wypić).
7. One .... to zadanie jutro (kończyć/skończyć). Dzisiaj są bardzo zmęczone.
8. (Ja – *fem.*) nie .... słodkiego (jeść/zjeść) przez miesiąc. Muszę schudnąć.
9. Codziennie (my – *nonmasc. pers.*) .... (grać/zagrać) w siatkówkę.
10. On .... do mnie za dwa dni (telefonować/zatelefonować).
11. (My – *masc. pers.*) .... całe mieszkanie jutro (sprzątać/posprzątać).

VIII. Proszę przecząco odpowiedzieć na pytania według wzoru.

PRZYKŁAD:

Czy odwiedziłeś już babcię?
Nie, odwiedzę ją jutro.

1. Czy napisałaś list?
Nie, ...
2. Czy posprzątałeś swój pokój?
Nie, ...
3. Czy zrobiliście zadanie?
Nie, ...
4. Czy ugotowałaś obiad?
Nie, ...
5. Czy poszłaś do dentysty?
Nie, ...
6. Czy kupiliście cukier?
Nie, ...
7. Czy zadzwoniłeś do Hani?
Nie, ...
8. Czy przeczytałaś ten artykuł?
Nie, ...
9. Czy obejrzałyście ten nowy film?
Nie, ...
10. Czy zaprosiłyście na kolację Roberta?
Nie, ...

IX. Proszę wybrać właściwy czasownik.

PRZYKŁAD:

Zosia	*przyjdzie*	*wyjdzie*	*pójdzie*	*do nas jutro.*
1. Wieczorem	wyjdziemy	przyjdziemy	pójdziemy	do kina.
2. W przyszłym roku Marek	przyjdzie	pojedzie	wyjdzie	do Australii.
3.	Wyjdziecie	Wejdziecie	Pójdziecie	w sobotę na koncert?
4.	Przyjadę	Pojadę	Wyjadę	do was w niedzielę.
5.	Przyjedziesz	Przyjdziesz	Pojedziesz	z nami w góry?
6. Muszę	wyjechać	przyjść	wejść	do księgarni.
7. Andrzej musi	wyjść	pójść	wyjechać	do Warszawy.
8. O której godzinie	pójdziesz	pojedziesz	wyjdziesz	dziś z pracy?
9. O dziesiątej	wyjdę	pójdę	pojadę	z domu.
10. W piątek	pójdą	pojadą	przyjdą	do nas goście.

X. Proszę ułożyć zdania według wzoru.

PRZYKŁAD:

ja (fem.) mieć urlop – pojechać na wakacje
Jeżeli będę mieć/miała urlop, (to) pojadę na wakacje.

1. ty (*masc.*) skończyć medycynę – pracować w szpitalu

....

2. wy (*masc. pers.*) wyjechać na studia do Warszawy – musieć kupić mieszkanie

....

3. on mieć pieniądze – pojechać do Londynu

....

4. my (*nonmasc. pers.*) przeczytać książkę – oddać ją do biblioteki

....

5. oni kupić dobre buty – chodzić po górach

....

6. ona przyjechać do Krakowa – zwiedzić Wawel

....

7. ja (*masc.*) wziąć rakietę tenisową – grać w tenisa

....

8. my (*nonmasc. pers.*) napisać list – pójść na pocztę

....

9. ja (*fem.*) mieć psa – chodzić z nim na spacery

....

10. ona być chora – nie pracować

....

Ojej, nic nie pamiętam!
Ćwiczenia powtórzeniowe. Czasownik

I. Proszę przeczytać wypowiedzi czterech różnych osób. Każdy tekst zawiera osobowe formy czasowników, które należą tylko do jednej koniugacji. Proszę dopasować wypowiedzi do rodzaju koniugacji z ramki[1].

-ę, -isz/-ysz * -ę, -esz * -am, -asz * -em, -esz

....	TOMEK: Jestem spokojnym człowiekiem. Mieszkam sam w pokoju, nie słucham muzyki, czytam dużo książek. Gram w play-station. Trochę pływam i biegam.	
....	ANIA: Czy wiesz, co jesz? Ja wiem! Umiem zdrowo gotować, nie jem mięsa. Umiem też grać na fortepianie.	
....	ADAM: Robię to, co lubię. Zawsze długo śpię. Często chodzę na imprezy i tańczę. Czasami palę papierosy. W wolnych chwilach uczę się hiszpańskiego i robię zdjęcia.	
....	JUSTYNA: Studiuję prawo, interesuję się literaturą. Dużo pracuję. Nigdy nie gotuję w domu. Nie mogę mieszkać z kotem.	

[1] Ćwiczenie zaczerpnięte z konspektu mojej studentki Niny Labochy.

II. **Proszę przeczytać tekst. Następnie proszę wszystkie podkreślone czasowniki wpisać do tabelki w odpowiednią rubrykę (proszę podać także bezokolicznik/infinitiv oraz 1 i 2 osobę liczby pojedynczej/formę: ja i ty)**[2].

Paweł **ma** 26 lat. Jest ekonomistą i **pracuje** w banku. Codziennie rano od poniedziałku do piątku **wstaje** o siódmej, **bierze** prysznic, **goli się** i **je** śniadanie. Potem **kupuje** ulubioną gazetę, **wsiada** do metra i **jedzie** do pracy. O wpół do dziewiątej jest już na miejscu. Paweł jest dżentelmenem – **mówi** „dzień dobry" i **całuje** w rękę każdą koleżankę z banku. W ciągu dnia **spotyka się** z klientami, **czyta** informacje i **pisze** maile. Zwykle **pije** za dużo kawy. O siedemnastej **robi** zakupy i **wraca** do domu. Wieczorem **lubi** wyjść z kolegami na piwo. Potem **ogląda** telewizję i **idzie** spać.

-ę, -esz	-ę, -isz/-ysz	-am, -asz	-em, -esz
pracuje (pracować, pracuję, pracujesz)	*goli się (golić się, golę się, golisz się)*		

[2] Ćwiczenie zaczerpnięte z konspektu mojej studentki Niny Labochy.

III. Co robią osoby przedstawione na rysunkach? Proszę podpisać rysunki odpowiednimi zdaniami z ramki[3].

Kasia i Ola idą na spacer. * Pasażerowie jadą tramwajem. * Marta jedzie samochodem. * Tomek jedzie na rowerze. * **Tata idzie z córką do szkoły.** * Dzieci jadą autem.

PRZYKŁAD:

Tata idzie z córką do szkoły.

1. ....

2. ....

3. ....

4. ....

5. ....

[3] Ćwiczenie zaczerpnięte z konspektu mojej studentki Magdaleny Płachty.

IV. Proszę uzupełnić tabelę[4].

	IŚĆ	JECHAĆ
1. ja	*idę*	
2. ty		*jedziesz*
3. on/pan/ona/pani/ono		
1. my	*idziemy*	
2. wy		*jedziecie*
3. oni/państwo/one		

V. Proszę uzupełnić zdania odpowiednimi formami czasowników **iść** lub **jechać** w czasie teraźniejszym[5].

PRZYKŁAD:

Czy ten pociąg** jedzie **do Gdańska?

1. Czy pani Anna i pan Michał .... do Krakowa samochodem?
2. Czy (ty) .... na spacer?
3. Niestety, (ja) nie .... na zajęcia z gramatyki.
4. (Ja) w tym roku .... do Barcelony na wakacje.
5. Dlaczego Monika nie .... z nami do kawiarni?
6. Gosia i Piotrek .... wieczorem do kina.
7. Ola .... tramwajem do pracy.
8. Po zajęciach (my) .... na kawę. .... z nami?
9. Czy (ty) .... do domu autobusem?
10. Wojtek .... do Pragi na weekend.

[4] Ćwiczenie zaczerpnięte z konspektu mojej studentki Magdaleny Płachty.
[5] Ćwiczenie zaczerpnięte z konspektu mojej studentki Magdaleny Płachty.

VI. Proszę dopisać odpowiedni czasownik: **iść**, **jechać**, **lecieć** lub **płynąć**, do wyrazów w kratkach[6].

lecieć SAMOLOTEM	.... PIESZO	.... ŁÓDKĄ	.... NA ROLKACH
.... ROWEREM	.... PIECHOTĄ	.... AUTOBUSEM	.... PROMEM
.... AUTEM	.... POCIĄGIEM	.... TRAMWAJEM	.... SAMOCHODEM
.... BALONEM	.... STATKIEM	.... ŻAGLÓWKĄ	.... HELIKOPTEREM
.... METREM	.... TAKSÓWKĄ	.... KAJAKIEM	.... BUSEM

VII. Proszę wybrać odpowiedni czasownik: **chodzić**, **iść**, **pójść**, **jeździć**, **jechać**, **pojechać**, i użyć go w poprawnej formie.

PRZYKŁAD:

Monika codziennie** chodzi **tą drogą do pracy. Wczoraj, kiedy** szła **do pracy, spotkała po raz pierwszy od wielu lat Marcina. Marcin wsiadał właśnie do samochodu, bo chciał** poje-chać **na dworzec.

Agnieszka i Andrzej bardzo się śpieszą. Oni (1) .... do biura podróży. Agnieszka jednak nie może szybko (2) ...., ponieważ boli ją noga. Wczoraj (ona) (3) .... jak zwykle do domu i skręciła nogę. Wczoraj po południu Agnieszka (4) .... do lekarza. Lekarz zapisał jej maść i powiedział, że nie może dużo (5) .... Jak to jednak zrobić? Agnieszka i Andrzej lecą dzisiaj do Francji i muszą jeszcze (6) .... do biura podróży, aby odebrać bilety lotnicze. Niestety na ulicy jest remont i autobusy i tramwaje nie (7) .... tą ulicą. W biurze podróży okazuje się, że bilety ma pilot wycieczki, który czeka na lotnisku. Agnieszka i Andrzej muszą szybko (8) .... na lotnisko taksówką, żeby zdążyć na samolot. Mają już bardzo mało czasu. Teraz (oni) (9) .... już na lotnisko.

---

[6] Ćwiczenie zaczerpnięte z konspektu mojej studentki Magdaleny Płachty.

VIII. Proszę wstawić odpowiednie formy czasowników w czasie teraźniejszym[7].

PRZYKŁAD:

Marek zawsze** śpiewa **(śpiewać) w łazience.

1. Moja babcia zawsze wieczorem .... (czytać) książki – bardzo .... (lubić) kryminały.
2. Dlaczego (wy) .... (uczyć się) języka polskiego?
3. W weekend zwykle (my) .... (chodzić) na basen.
4. Ty też .... (nie lubić) gramatyki?
5. Kamil .... (nie umieć) gotować, dlatego zwykle .... (chodzić) na obiad do restauracji.
6. To nieprawda, że (ty) .... (mieć) 19 lat.
7. Oni świetnie .... (tańczyć).
8. Czy .... (móc) pan mówić trochę wolniej?
9. Czy (ty) .... (wiedzieć), gdzie mieszka siostra Andrzeja?
10. (Wy) .... (iść) dzisiaj na imprezę?
11. Jak często (ty) .... (jeździć) do pracy taksówką?
12. Ona za długo .... (rozmawiać) przez telefon.
13. (Ja) .... (przepraszać), która jest godzina?
14. Często (ja) .... (spotykać się) z przyjaciółmi.
15. Co (my) .... (jeść) na deser?
16. Najpierw (ty) .... (kupować) bilet, a potem (ty) .... (oglądać) film.
17. Helena .... (znać) trzy języki obce.
18. Mój ojciec .... (pić) herbatę z mlekiem.
19. Zawsze (ja) .... (parkować) samochód pod domem.
20. Jaki sport (ty) .... (uprawiać)?

---

[7] Ćwiczenie zaczerpnięte z konspektu mojej studentki Niny Labochy.

IX. Proszę uzupełnić tekst odpowiednimi formami czasowników w czasie teraźniejszym, przeszłym lub przyszłym.

PRZYKŁAD:

Wczoraj na śniadanie (ja – fem.) *piłam* ***herbatę, dzisiaj*** *piję* ***kawę, jutro*** *będę pić* ***sok.***

Wczoraj Marek najpierw (1) .... (wstać) o szóstej, potem szybko (2) .... (umyć się), (3) .... (ubrać się) i (4) .... (pojechać) do pracy. (5) .... (wrócić) bardzo późno. **Dzisiaj** Marek i jego dziewczyna (6) .... (mieć) dużo czasu, (7) .... (oglądać) telewizję i powoli (8) .... (jeść) obiad. (Oni) (9) .... (iść) też do przyjaciół i długo z nimi (10) .... (rozmawiać). **Jutro** Marek (11) .... (robić) projekt, ponieważ jest architektem, a jego dziewczyna – Ola – (12) .... (pracować) przez cały dzień w szpitalu, ponieważ jest lekarką. Jutro wieczorem Ola (13) .... (słuchać) muzyki, a Marek (14) .... książkę (czytać).

X. Proszę uzupełnić tekst odpowiednimi formami czasowników podanych w ramce. Proszę uważać na czasy!

obudzić się * wstać (2x) * pójść (2x) * denerwować się * wrócić * spóźnić się * ubrać się * spotkać * rozmawiać * pracować (2x) * zamówić * być (2x) * przyjść * zjeść * mieć (3x) * czytać * zrobić * budzić się * umyć się

Wczoraj rano (ja – *fem.*) obudziłam się o ósmej. **Zwykle** (1) .... o siódmej. (Ja – *fem.*) (2) .... bardzo szybko, (3) .... i (4) ...., ale nie (5) .... czasu zjeść śniadania. (Ja – *fem.*) (6) .... na przystanek autobusowy i tam (7) .... Łukasza. Łukasz (8) .... razem ze mną w tym samym biurze. **Wczoraj** on też (9) .... spóźniony i bardzo (10) .... (My – *masc. pers.*) (11) .... do pracy o wpół do dziewiątej. Ponieważ (ja – *fem.*) nie (12) .... śniadania, (13) .... bardzo głodna. O pierwszej **zwykle** (ja) (14) .... przerwę na obiad. **Wczoraj** (ja – *fem.*) (15) .... do baru i tam (16) .... duży obiad: zupę, drugie danie i deser. Potem (ja – *fem.*) (17) .... do pracy i (18) .... do piątej. Wieczorem (ja – *fem.*) (19) .... książkę i długo (20) (my – *fem.*) .... z przyjaciółką przez telefon. **Jutro** na pewno (ja) (21) .... punktualnie i nie (22) .... do pracy. (Ja – *fem.*) (23) .... też czas zjeść śniadanie i wypić kawę. Jutro (ja) (24) .... też zakupy.

IV

DOBRZE SIĘ CZUJESZ? PRZYSŁÓWEK

Dobrze się czujesz?
Przysłówek

I. Proszę odpowiedzieć poprawnie na pytania.

PRZYKŁAD:

Jak się czujesz?	*dobry*	*dobre*	*(dobrze)*	*dobra*
1. Jak się pan ma?	zły	źle	złe	zła
2. Jaki jest ten film?	interesująco	interesujące	interesująca	interesujący
3. Jaki jest ten student?	miła	miło	miłe	miły
4. Jak on wygląda?	wspaniałe	wspaniały	wspaniała	wspaniale
5. Jak ona wygląda?	świetna	świetny	świetne	świetnie
6. Jaka jest ta nauczycielka?	wysokie	wysoka	wysoko	wysoki
7. Jak się masz?	znakomity	znakomite	znakomicie	znakomita
8. Jak on mówi po polsku?	słabo	słaby	słabe	słaba
9. Jak ona się ubiera?	elegancka	elegancko	eleganckie	elegancki
10. Jak on prowadzi samochód?	szybki	szybka	szybko	szybkie

II. Proszę wybrać właściwe słowo.

PRZYKŁAD:

Wczoraj było bardzo	*(gorąco)*	*gorący*	*gorące*	.
1. Jest mi	zimny	zimna	zimno	.
2. Ten egzamin był	trudno	trudny	trudne	.
3. Dzisiaj jest	mroźny	mroźno	mroźne	dzień.
4. On mieszka bardzo	wysoki	wysoko	wysokie	.
5. Tę sukienkę kupiłam	tania	tanie	tanio	.
6. Ta torebka była	drogo	droga	drogie	.
7. Film był bardzo	długo	długi	długie	.
8. Czekałam na ciebie bardzo	długo	długie	długa	.
9. Kasia mieszka	dalekie	daleki	daleko	.
10. Kino jest	bliskie	bliski	blisko	.

III. Proszę wybrać właściwe słowo i utworzyć pytanie.

PRZYKŁAD:

	Jaki	*Jakie*	*(Jak)*	*się czujesz?*
1.	Jaka	Jaką	Jak	kawę lubisz?
2.	Jak	Jaki	Jakie	on mówi po hiszpańsku?
3.	Jakie	Jak	Jaki	masz samochód?
4.	Jak	Jaki	Jakie	jest to ciastko?
5.	Jak	Jaki	Jakiego	ma na imię twój pies?
6.	Jaką	Jak	Jakiej	muzyki słuchasz?
7.	Jaka	Jak	Jaką	Ala się czuje?
8.	Jaki	Jakie	Jak	Paweł jeździ na nartach?
9.	Jaka	Jak	Jaką	literaturą się interesujesz?
10.	Jak	Jaką	Jaka	jest dzisiaj pogoda?

IV. Proszę ułożyć pytania do podkreślonych słów.

PRZYKŁAD:

Ten film jest interesujący. — *Jaki jest ten film?*

1. Robert wygląda dobrze.	....?
2. Anna jest sympatyczna.	....?
3. Czuję się świetnie.	....?
4. Zofia mówi znakomicie po polsku.	....?
5. Ta książka jest nudna.	....?
6. Maciej pięknie maluje.	....?
7. Artur czuje się źle.	....?
8. Paweł jest pracowity.	....?
9. Daniel pisze niewyraźnie.	....?
10. Dzisiaj jest deszczowo.	....?

V. Proszę podpisać rysunki wyrażeniami z ramki.

Głupio mi. * **Nudno mi.** * **Słabo mi.** * **Zimno mi.** * **Wesoło mi.** * **Niedobrze mi.** * **Gorąco mi.** * **Smutno mi.** * **Niewygodnie mi.**

PRZYKŁAD:

Głupio mi.

1. ....

2. ....

3. ....

4. ....

5. ....

6. ....

7. ....

8. ....

VI. Proszę uzupełnić zdania słowami z ramki.

zimno * brzydko * cicho * długo * brudno * ładnie * wesoło * czysto * głośno * gorąco * nudno

PRZYKŁAD:

Ta spódnica jest nieładna, a sweter jest za duży. Wyglądasz bardzo brzydko.

1. To bardzo piękne miejsce. Chcę tu mieszkać. Tutaj jest bardzo ....
2. Jak ....! Nie słyszę ani samochodów, ani tramwajów, ani ludzi.
3. Nie chcę kupić tego mieszkania. Ruchliwa ulica jest bardzo blisko. Cały czas słyszę tramwaje i samochody. W tym miejscu jest bardzo ....
4. Nie będę mieszkać w tym hotelu. Tutaj nikt nie sprząta i jest bardzo ....
5. Proszę otworzyć okno. W tym pokoju jest bardzo ....
6. Dzieci bawiły się świetnie. Cały czas śmiały się. Spędziły czas bardzo ....
7. Spóźniłaś się godzinę! Czekam na ciebie bardzo ....
8. Jak ....! Sprzątaliście chyba cały dzień!
9. Proszę zamknąć okno. W tej sali jest ....
10. To spotkanie jest bardzo nieinteresujące. Strasznie tu ....

VII. Proszę utworzyć przysłówki od podanych przymiotników. Następnie proszę ułożyć zdania według wzoru.

PRZYKŁAD:

***nudny** – nudno. Tutaj jest nudno.*

1. zimny – ....
2. ciepły – ....
3. duszny – ....
4. gorący – ....
5. wesoły – ....
6. smutny – ....
7. cichy – ....
8. głośny – ....
9. chłodny – ....
10. brzydki – ....
11. brudny – ....
12. czysty – ....
13. ładny – ....
14. brzydki – ....

VIII. Proszę utworzyć przysłówki od podanych przymiotników.

PRZYKŁAD:

Małgosia je bardzo** mało **(mały).

1. Nie możesz kupić tej bluzki. Wyglądasz w niej bardzo .... (brzydki).
2. W tej sukience wyglądasz .... (piękny).
3. W twoim domu jest bardzo .... (czysty).
4. W tym mieście jest .... (brudny).
5. Na tej ulicy jest bardzo .... (spokojny).
6. Zofia ubiera się bardzo .... (elegancki).
7. Nasz dziadek opowiada bardzo .... (ciekawy).
8. Franek mówi .... (płynny) po włosku.
9. Marek uczy się portugalskiego bardzo .... (krótki), a już .... (duży) umie.

IX. Proszę przekształcić zdania według wzoru.

PRZYKŁAD:

Dzisiaj jest słonecznie.	*Dzisiaj jest słoneczny dzień.*
Wczoraj był pochmurny dzień.	***Wczoraj było pochmurno.***

1. Dzisiaj jest deszczowy dzień.	....
2.	Wczoraj było burzowo.
3. Jutro będzie pogodny dzień.	....
4.	Wczoraj było zimno.
5. Jutro będzie upalny dzień.	....
6.	Dzisiaj jest chłodno.
7. Dzisiaj jest mroźny dzień.	....
8.	Jutro będzie wietrznie.
9. Wczoraj był mglisty dzień.	....
10.	Dzisiaj jest ciepło.

X. Proszę przekształcić zdania według wzoru.

PRZYKŁAD:

Luty był zimny.	*W lutym było zimno.*
W grudniu było mglisto.	***Grudzień był mglisty.***

1. W styczniu było mroźno.	....
2.	Kwiecień był ciepły.
3. W maju było deszczowo.	....
4.	Październik był pogodny.
5. W sierpniu było upalnie.	....
6.	Lipiec był słoneczny.
7. W czerwcu było burzowo.	....
8.	Wrzesień był chłodny.

V

SKLEP JEST OBOK KINA, ZA APTEKĄ
PRZYIMEK

Sklep jest obok kina, za apteką
Przyimek

I. Proszę podpisać rysunki wyrażeniami z ramki.

przy budzie * przed budą * na budzie * za budą * w budzie * obok budy * pod budą * nad budą

PRZYKŁAD:

przy budzie

1. ....

2. ....

3. ....

4. ....

5. ....

6. ....

7. ....

II. Proszę wybrać odpowiedni przyimek.

PRZYKŁAD:

Idę	*(na)*	*do*	*z*	*plac.*

1. Jadę	do	na	od	uniwersytet.
2. Wracam	do	na	od	domu.
3. Oni idą	do	z	na	pocztę.
4. Agnieszka idzie	do	na	z	przystanek autobusowy.
5. Marcin wraca	z	na	od	teatru.
6. My idziemy	na	od	do	kościoła.
7. Idziecie	na	od	z	kina?
8. Ania śpieszy się	do	na	od	szkoły.

III. Proszę wybrać odpowiedni przyimek.

PRZYKŁAD:

Idę	*(na)*	*do*	*w*	*pocztę.*

1. Jadę	do	w	na	wieś.
2. Idę	na	do	w	przedstawienie
	w	na	do	teatru.
3. Byłam	w	u	na	Roberta.
4. Idę	w	do	na	dentysty.
5. Jestem	u	w	na	lekarza.
6. Idziemy	do	w	na	basen.
7. Byliśmy	w	na	u	przyjaciela
	na	w	u	imprezie.
8. Oni idą	w	na	do	imieniny
	na	do	w	siostry.
9. Marek idzie	na	w	do	koncert.
10. Marta jedzie	na	do	w	kolegi
	do	w	na	Gdańska.

IV. Proszę wybrać odpowiedni przyimek.

PRZYKŁAD:

Rafał stoi	*obok*	*przy*	*Wojtka.*
1. Mój samochód stoi	obok	przy	sklepie.
2. Danusia mieszka	obok	przy	poczty.
3. Wieliczka leży	przy	obok	Krakowa.
4. Biblioteka znajduje się	przy	obok	kościele.
5. Tulipany rosną	przy	obok	róż.
6. Tapczan stoi tuż	obok	przy	ścianie.

V. Proszę wstawić przyimek **do** lub **na**.

PRZYKŁAD:

Oni idą** do **restauracji** na **obiad.

1. Idę .... kina .... film.
2. Idziesz .... teatru .... przedstawienie.
3. Idziemy .... lody .... kawiarni.
4. Idą .... szkoły .... lekcję.
5. Idą .... zajęcia .... uniwersytet.
6. Idziecie .... zakupy .... sklepu.
7. Idę .... urodziny .... koleżanki.
8. Jedzie .... konferencję .... Warszawy.
9. Jedzie .... Grecji .... urlop.
10. Jedziemy .... mecz .... stadion.
11. Jadą .... wieś .... wakacje.
12. Jadę .... imprezę .... przyjaciela.

VI. Proszę wstawić przyimek **do** lub **na**.

PRZYKŁAD:

Może pójdziemy** do **kina** na **film.

1. Nie mam ochoty iść .... koncert.
2. Jutro pójdziemy .... obiad .... restauracji.
3. We wrześniu Ania wyjeżdża .... Warszawy .... konferencję.
4. Byliśmy w sobotę .... meczu.
5. Za chwilę muszę iść .... pocztę.
6. W niedzielę idziecie .... babci .... imieniny.
7. Marek idzie .... teatru .... przedstawienie.
8. Idziemy .... pubu .... piwo!
9. Idziesz .... uniwersytet .... zajęcia?
10. W sierpniu jadę .... wakacje .... Hiszpanii.

VII. Proszę uzupełnić tekst przyimkami **w** lub **nad**.

PRZYKŁAD:

Moja siostra pojechała** w **góry.

Lubię jeździć (1) .... góry i (2) .... morze. Najbardziej lubię spędzać zimę (3) .... Tatrach lub (4) .... Alpach. Kiedyś chciałabym pojechać (5) .... Himalaje. Ostatnio mój kolega był (6) .... Pirenejach i zrobił tam mnóstwo wspaniałych zdjęć. W lecie najlepiej wypoczywam (7) .... Morzem Śródziemnym lub (8) .... Adriatykiem. Kiedyś jeździłam (9) .... Bałtyk, ale tam często woda jest bardzo zimna. Byłam też kilka razy (10) .... Oceanem Atlantyckim. Nie lubię, niestety, jeździć (11) .... jeziora.

VIII. Proszę wstawić przyimek **w** lub **na**.

PRZYKŁAD:

Agata uczy się grać** na **fortepianie.

1. Mój kuzyn ma bardzo dużo pieniędzy i często gra .... ruletkę.
2. Do gry .... golfa potrzebne jest bardzo duże pole.
3. Piotrek od pięciu lat uczy się grać .... skrzypcach.
4. Paweł pięknie gra .... flecie.
5. Gra .... szachy jest dobra dla twojego intelektu.

6. Kiedy byłem w szkole, grałem .... piłkę nożną w klubie sportowym.
7. Orkiestra szuka muzyka, który umie grać .... saksofonie.
8. Szkoła szuka nauczyciela gry .... gitarze.
9. Mało osób umie grać .... harfie.
10. W liceum grałyśmy zawsze po lekcjach .... siatkówkę.

IX. Proszę wstawić odpowiedni przyimek: **do**, **z** lub **od**.

PRZYKŁAD:

Idę** do **teatru. Wracam** z **teatru. Wracam** od **Kingi.

My idziemy (1) .... kina po południu, wieczorem wracamy (2) .... kina. Wieczorem oni idą (3) .... kolegi, a późno w nocy wracają (4) .... kolegi. Rano idziecie (5) .... pracy, po południu wracacie (6) .... pracy. W niedzielę w południe one idą (7) .... babci na obiad, a po południu wracają (8) .... babci. Późnym popołudniem idziesz (9) .... restauracji, a wieczorem wracasz (10) .... restauracji.

X. Proszę wstawić odpowiedni przyimek: **do**, **na**, **z**, **u**, **od** lub **w**.

PRZYKŁAD:

Jestem** w **Krakowie.

1. Idę .... lekcję hiszpańskiego.
2. Wracam .... kina.
3. Jadę .... Poznania .... festiwal.
4. Jestem .... konferencji .... Szczecinie.
5. Wracam .... babci .... Łodzi.
6. Byłam .... babci .... Łodzi.
7. Jestem .... brata .... wsi.
8. Mój wujek mieszka .... górach.
9. W sobotę jedziemy .... góry .... dziadka.
10. Idę .... uniwersytet .... wykład.

XI. Proszę uzupełnić tekst odpowiednimi przyimkami: **do**, **z**, **w** lub **na**.

PRZYKŁAD:

Marysia myśli** o **swojej koleżance.

Marysia chce pojechać (1) .... góry (2) .... swojej koleżanki Zosi. (3) .... Krakowa (4) .... Zakopanego musi jechać pociągiem. Napisała więc e-mail (5) .... Zosi, że pociąg przyjedzie (6) .... szóstej wieczorem. (7) .... Zakopanem jest już zima i jest dużo śniegu. Przyjaciółki na pewno będą chodzić (8) .... długie spacery, (9) .... dyskoteki i (10) .... kina.

XII. Proszę wybrać odpowiedni przyimek.

PRZYKŁAD:

Mariola wracała	*(do)*	*na*	*nad*	*domu.*
1. To jest prezent	na	przez	dla	Krystyny.
2. Muszę iść	do	na	nad	pocztę.
3. Pies śpi	z	od	pod	krzesłem.
4. Lubię kawę	z	od	na	mlekiem.
5. Lampa wisi	nad	pod	na	stołem.

XIII. Proszę uzupełnić tekst odpowiednimi przyimkami.

PRZYKŁAD:

Kasia mieszka** w **Krakowie.

W czasie tych wakacji Agnieszka zdecydowała się pojechać (1) .... morze. Długie lata jeździła tylko (2) .... góry. (3) .... górach miała babcię i dziadka i (4) .... nich spędzała prawie wszystkie wakacje. Agnieszka marzyła o wyjeździe (5) .... Francji, ponieważ chciała zwiedzić Paryż, ale niestety nie miała pieniędzy. Kupiła więc bilet na ekspres (6) .... Krakowa (7) .... Gdyni. Pociąg jechał szybko i (8) .... pierwszej po południu Agnieszka była już (9) .... dworcu w Gdyni. Tam czekał (10) .... Agnieszkę jej kolega, który mieszkał niedaleko Gdyni.

XIV. Proszę uzupełnić tekst odpowiednimi przyimkami.

PRZYKŁAD:

Na stole stały kwiaty.

Pokój był duży i słoneczny. (1) .... dużego okna stał mały, okrągły stolik. (2) .... stoliku leżał telefon. Na prawo było łóżko, (3) .... łóżkiem wisiało wiele pięknych obrazów. Marek wszedł (4) .... pokoju i usiadł (5) .... krześle. Otworzył książkę i zaczął czytać. Czytał godzinę, a potem napisał list (6) .... kolegi. Nie widział go bardzo długo. Kolega miał na imię Jacek i mieszkał (7) .... Poznaniu.

XV. Proszę uzupełnić tekst odpowiednimi przyimkami.

PRZYKŁAD:

Zosia wracała** z **pracy.

W hotelu

– Dzień dobry. Słucham pana.
– Dzień dobry. Szukam komfortowego pokoju dla jednej osoby.
– Proszę bardzo. Mam pokój (1) .... pana. Pokój (2) .... łazienką.
– Czy (3) .... pokoju jest telefon?
– Oczywiście, jest także telewizor. Czy chciałby pan zobaczyć ten pokój?
– Bardzo chętnie.
– Proszę. To jest ten pokój. Duże okno. (4) .... oknem stoi telewizor. (5) .... łóżku jest szafa. (6) .... stole jest wazon z kwiatami. (7) .... podłodze leży kolorowy dywan. (8) .... stołem wisi lampa. (9) .... lewo są drzwi do łazienki.
– A gdzie telefon?
– O tu, (10) .... łóżka.
– Dziękuję, biorę ten pokój.

XVI. Proszę uzupełnić tekst odpowiednimi przyimkami.

PRZYKŁAD:

Pies śpi** pod **stołem.

Marcin wszedł (1) .... dużego pokoju. (2) .... ścianach wisiały stare obrazy, (3) v oknie stało ciemne biurko, a (4) .... łóżkiem leżał wąski, stary dywan. (5) .... łóżka stał stolik z nocną lampką.

XVII. Proszę uzupełnić tekst odpowiednimi przyimkami.

PRZYKŁAD:

Kasia idzie na uniwersytet.

Matylda przyjechała (1) .... Krakowa rok temu. Przedtem mieszkała (2) .... małym mieście (3) .... południu Polski. Tam chodziła (4) .... szkoły. Oczywiście mieszkała (5) .... rodzicami i bratem. Teraz studiuje (6) .... uniwersytecie. (7) .... uniwersytet jeździ tramwajem. Często też chodzi (8) .... basen, bo bardzo lubi pływać. Raz (9) .... miesiącu jeździ (10) .... swoich rodziców. (11) .... Krakowa (12) .... domu jeździ pociągiem. (13) .... studiach Matylda chce pracować (14) .... Francji, ponieważ świetnie mówi (15) .... francusku.

XVIII. Proszę uzupełnić tekst odpowiednimi przyimkami.

PRZYKŁAD:

Piotrek jest w kinie.

(1) .... godzinie czwartej Mikołaj wyszedł (2) .... domu i poszedł (3) .... kolegi. (4) .... kolegi był dwie godziny. Chłopcy rozmawiali dużo (5) .... polityce i najnowszych filmach. Potem Mikołaj poszedł (6) .... zakupy. Kupił chleb i mleko i wrócił (7) .... domu. Następnie zadzwonił (8) .... swojej dziewczyny i umówił się (9) .... nią (10) .... sobotę (11) .... piątej (12) .... Rynku, (13) .... Empiku. Później obejrzał film (14) .... telewizji i poszedł umyć się (15) .... łazienki. Kiedy wyszedł (16) .... łazienki, była już północ, więc zaraz poszedł (17) .... łóżka.

VI

TO JUŻ WIESZ! ĆWICZENIA GRAMATYCZNE I NIE TYLKO

To już wiesz! Ćwiczenia gramatyczne i nie tylko

I. Proszę ułożyć słowa tak, aby powstało poprawne zdanie.

PRZYKŁAD:

Dorota, śniadanie, bułkę, dżemem, pije, i, z, je, mleko, na
Dorota je na śniadanie bułkę z dżemem i pije mleko.

je, kolację, Jakub, pije, kanapkę, herbatę, na, z, i, szynką

....

piją, na, jedzą, ciasto, kawę, mlekiem, podwieczorek, Oni, i, z

....

na, zupę, jemy, z, obiad, My, kurczaka, pomidorową, pijemy, frytkami, kompot, i

....

drugie, jesz, na, Ty, pijesz, owocową, śniadanie, sałatkę, pomarańczowy, sok, i

....

II. Z podanych wyrazów proszę ułożyć zdania lub pytania w czasie teraźniejszym.

PRZYKŁAD:

on, być, nauczyciel
On jest nauczycielem.

1. ona, codziennie, pić, mleko, na, śniadanie

....

2. ja, nie, lubić, czytać, nudna, książka

....

3. w, sobota, on, zawsze, chodzić, do, kino

....

4. co, ty, o, on, myśleć

....

5. on, nie, mieć, samochód

....

6. ona, codziennie, jeść, ryba, na, obiad

....

7. ja, nie, lubić, pić, czarna, kawa

....

8. w, niedziela, on, zawsze, chodzić, do, teatr

....

9. Robert, studiować, literatura, polska

....

10. on, nie, mieć, syn

....

III. Proszę użyć właściwego przyimka oraz odpowiedniej formy rzeczownika podanego w nawiasie i odpowiedzieć na pytania.

PRZYKŁAD:

Dokąd idziecie? (przystanek)
Idziemy na przystanek.

1. Dokąd idziesz? (Rynek)

....

2. Dokąd on idzie? (kino)

....

3. Dokąd ona idzie? (teatr)

....

4. Dokąd one idą ? (las)

....

5. Dokąd oni idą? (dworzec)

....

6. Dokąd idziecie? (plac)

....

7. Dokąd idziecie? (restauracja)

....

8. Dokąd idziesz? (poczta)

....

9. Dokąd oni idą? (uniwersytet)

....

10. Dokąd on idzie? (park)

....

IV. Proszę popatrzeć na obrazki i odpowiedzieć na pytania.

<u>**PRZYKŁAD**</u>:

Dokąd on idzie?

On idzie do teatru.

1. Dokąd idzie Zofia?

....

2. Dokąd idzie Piotrek?

....

3. Dokąd idą dzieci?

....

4. Dokąd idą ludzie?

....

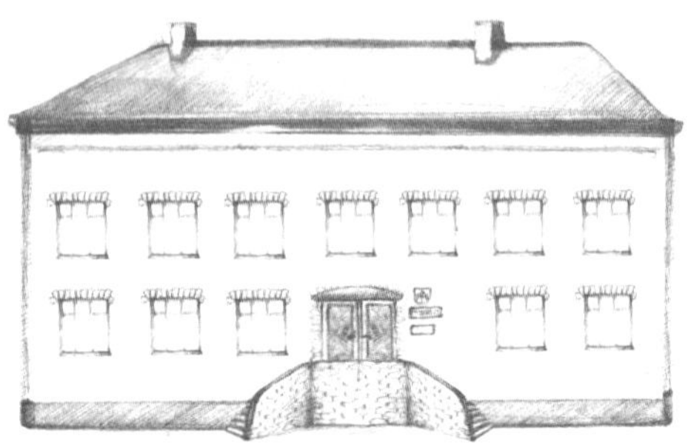

5. Dokąd idziesz?

....

6. Dokąd idziecie?

....

V. Proszę odpowiedzieć na pytania.

PRZYKŁAD:

Dokąd idziesz? (do, las)
Idę do lasu.

1. Co kupiłaś? (butelka, wino)

....

2. Gdzie mieszkasz? (w, Madryt)

....

3. Na co czekasz? (na, tramwaj)

....

4. Czego nie lubisz? (kawa)

....

5. Gdzie leży dywan? (przed, łóżko)

....

6. Czym się interesujesz? (literatura, francuska)

....

7. Czego słuchasz? (muzyka, klasyczna)

....

8. Co studiujesz? (filozofia)

....

VI. Proszę odpowiedzieć na pytania.

PRZYKŁAD:

Dokąd idzie Paweł? (do, kolega)
Paweł idzie do kolegi.

1. Gdzie mieszka Beata? (w, Warszawa)

....

2. Gdzie była Zosia na wakacjach? (nad, morze)

....

3. Dokąd Jacek jedzie na wakacje? (nad, morze)

....

4. Dokąd idą studentki? (na, przystanek)

....

5. Gdzie dziewczyny czekają na tramwaj? (na, przystanek)

....

VII. Proszę zmienić podane zdania na zdania negatywne.

PRZYKŁAD:

On był wczoraj w szkole. — *Wczoraj nie było go w szkole.*

1. Ona jest w klasie. ....
2. My zawsze jemy kolację. ....
3. W ogrodzie jest trawnik. ....
4. W domu był duży pies. ....
5. One będą tu jutro. ....
6. To jest dom. ....
7. On jest profesorem. ....
8. Marek ma siostrę. ....
9. Lubię Olę. ....
10. Dziewczyny lubią mleko. ....

VIII. Proszę zmienić podane zdania na zdania negatywne.

PRZYKŁAD:

Jestem na zajęciach. — *Nie ma mnie na zajęciach.*

1. Jesteś w domu. ....
2. On jest w sali. ....
3. Ona jest na koncercie. ....
4. Dziecko jest w parku. ....
5. My jesteśmy w szkole. ....
6. Oni są na uniwersytecie. ....
7. One są w kinie. ....
8. Ona jest w restauracji. ....

IX. Proszę popatrzeć na rysunki i napisać zdania przeczące w czasie teraźniejszym.

a.

PRZYKŁAD:

Telefon jest **w pokoju.**

Telefonu nie ma **w pokoju.**

1. Samochód jest na parkingu. ....

2. Sok jest na stole. ....

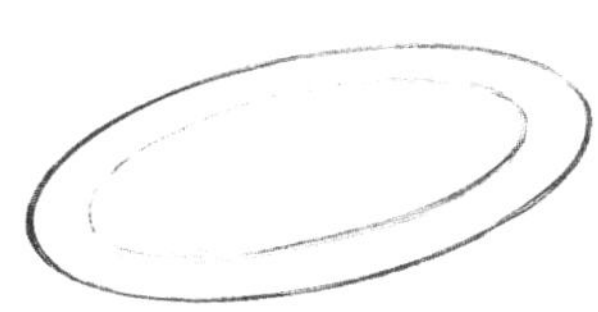

3. Chleb jest na talerzu. ....

4. Dziewczyna jest w teatrze. ....

5. Chłopiec jest w kinie. ....

6. Dziecko jest w parku. ....

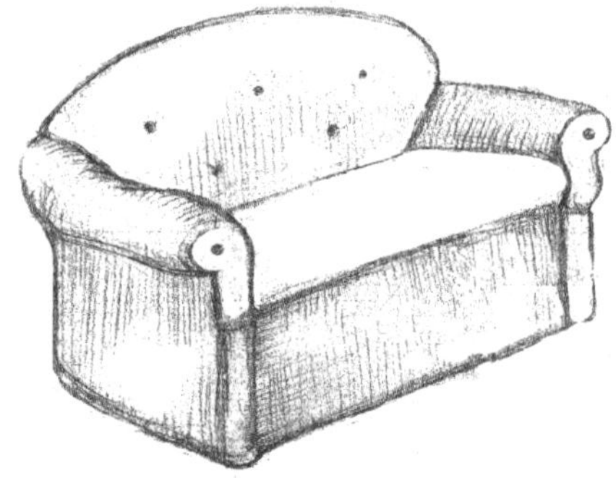

7. Kot jest na sofie. ....

8. Róża jest w ogrodzie. ....

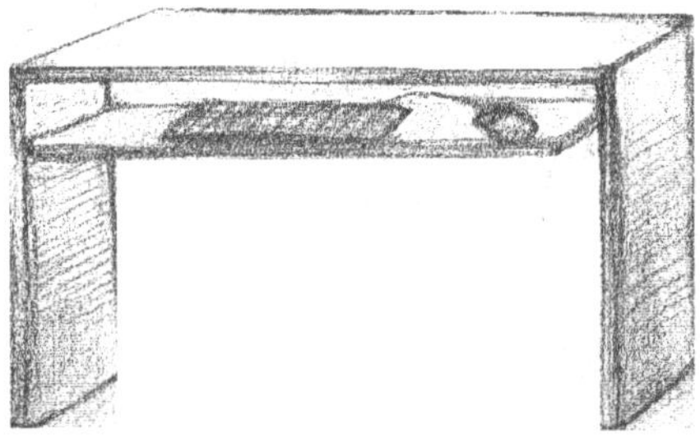

9. Komputer jest na biurku. ....

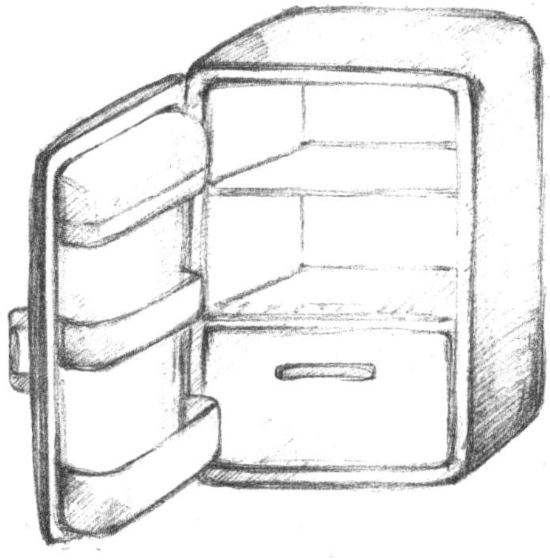

10. Ser jest w lodówce. ....

b.
Proszę popatrzeć na rysunki i napisać zdania przeczące w czasie przeszłym.

PRZYKŁAD:

Telefon był **w pokoju.** *Telefonu nie było* **w pokoju.**

1. Marek był na koncercie. ....

2. Julia była na plaży. ....

3. Siostra była w szkole. ....

4. Brat był w górach. ....

5. Taksówka była na ulicy. ....

6. Lekarz był w szpitalu. ....

7. Książka była w bibliotece. ....

8. Zeszyt był na półce. ....

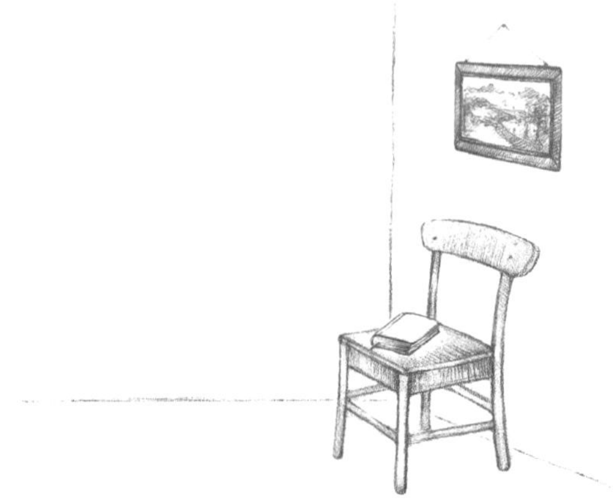

9. Dywan był na podłodze. ....

10. Klucz był w kuchni. ....

c.

Proszę popatrzeć na rysunki i napisać zdania przeczące w czasie przyszłym.

<u>PRZYKŁAD</u>:

*Telefon będzie **w pokoju.***

*Telefonu nie będzie **w pokoju.***

1. Ona będzie w restauracji. ....

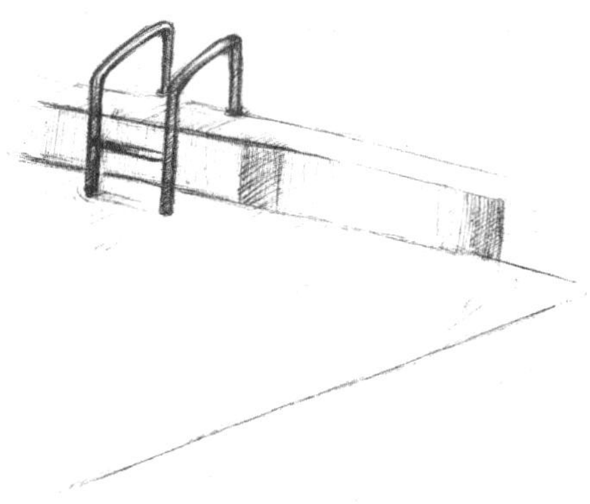

2. My będziemy na basenie. ....

3. Wy będziecie na konferencji. ....

4. Oni będą na spotkaniu. ....

5. One będą w kawiarni. ....

6. Ja będę w domu. ....

7. Pociąg będzie na dworcu. ....

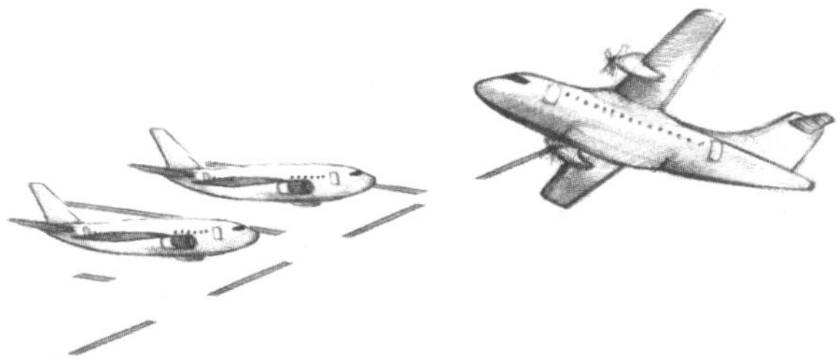

8. Samolot będzie na lotnisku. ....

9. List będzie na poczcie. ....

10. Talerz będzie w kredensie. ....

X. W co oni grają? Na czym oni grają? Proszę podpisać rysunki.

PRZYKŁAD:

Oni *grają w szachy.*

On *gra na perkusji.*

1. Oni ....

2. On ....

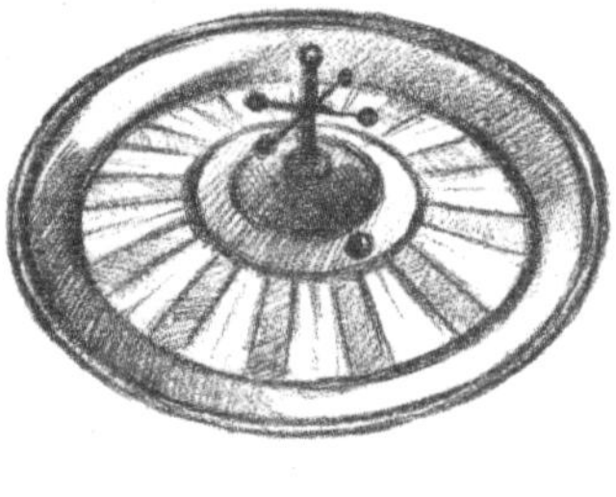

3. Oni ....

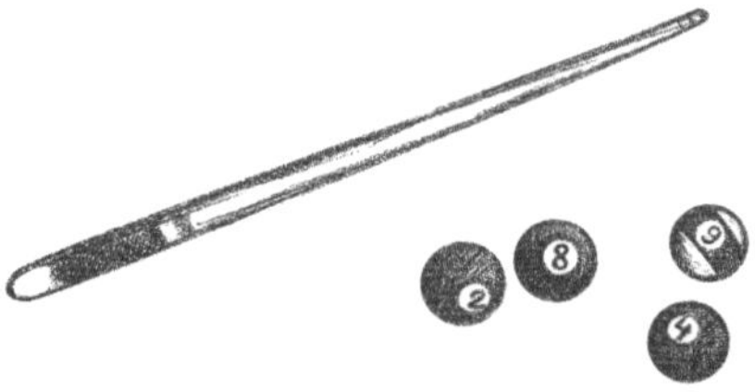

4. Oni ....

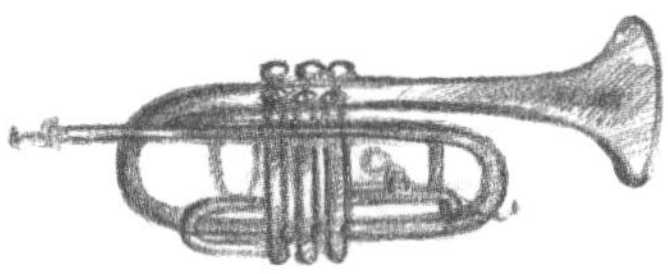

5. On ....

6. Oni ....

7. Ona ....

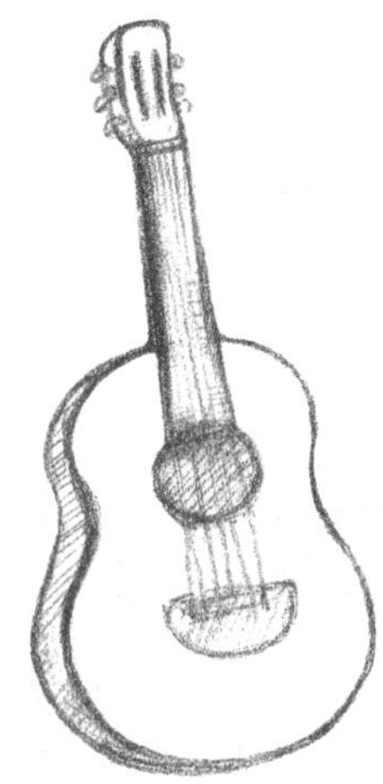

8. On ....

9. Oni ....

10. One ....

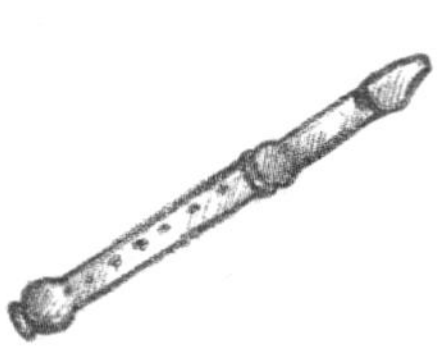

11. Ona ....

12. Oni ....

XI. Proszę odpowiedzieć na pytania. Proszę podać godzinę w sposób nieoficjalny, np.: **dziesięć po trzeciej, za dwadzieścia czwarta, wpół do szóstej**.

PRZYKŁAD:

O której godzinie jesz obiad? (2:00)
Jem obiad o drugiej po południu.

1. O której godzinie ona idzie spać? (10:00)

.... wieczorem.

2. O której godzinie zaczyna się film? (6:30)

.... wieczorem.

3. O której godzinie oni idą do szkoły? (7:40)

.... rano.

4. O której godzinie oni mają kurs języka polskiego? (5:00)

.... po południu.

5. O której godzinie grasz w tenisa? (9:15)

.... rano.

6. O której godzinie jecie kolację? (7:30)

.... wieczorem.

7. O której godzinie masz wizytę u dentysty? (10:20)

.... przed południem.

8. O której godzinie robisz zakupy? (4:00)

.... po południu.

XII. Proszę wybrać właściwą odpowiedź.

PRZYKŁAD:

Kiedy lecisz do Australii?

a. za miesiąc	***b. miesiąc temu***	***c. przez miesiąc***

1. Kiedy byłeś w kinie?

a. za tydzień	b. tydzień temu	c. przez godzinę

2. Jak często grasz w tenisa?

a. jutro	b. wczoraj	c. dwa razy w tygodniu

3. Kiedy zbudowano ten dom?

a. za sto lat	b. przez sto lat	c. sto lat temu

4. Kiedy do mnie przyjdziesz?

a. pojutrze	b. przez pół godziny	c. godzinę temu

5. Kiedy jedziesz na wakacje?

a. dwa miesiące temu	b. za dwa miesiące	c. przez dwa miesiące

6. Jak często oglądasz telewizję?

a. co wieczór	b. trzy dni temu	c. za trzy dni

7. Jak często piszesz maile?

a. pojutrze	b. przedwczoraj	c. codziennie

8. Kiedy Marek zdał egzamin?

a. dziesięć dni temu	b. za dziesięć dni	c. przez dziesięć dni

9. Jak długo będziemy u babci?

a. przez tydzień	b. za tydzień	c. tydzień temu

10. Jak długo czytałaś tę książkę?

a. trzy tygodnie temu	b. za trzy tygodnie	c. przez trzy tygodnie

XIII. Proszę połączyć pytanie z właściwą odpowiedzią.

1.	**Jak często chodzisz do dentysty?**	a	W każdy weekend.
2.	Jak długo trwa ten film?	b	Za pięć minut.
3.	Kiedy byłeś na koncercie?	c	Dwa lata.
4.	Kiedy wybierasz się na wakacje?	d	**Dwa razy w roku.**
5.	Jak często chodzisz do kina?	e	Dwie godziny.
6.	Kiedy skończysz pić kawę?	f	Za miesiąc.
7.	Jak długo jesteście razem?	g	Tydzień temu.

1.	2.	3.	4.	5.	6.	7.
d						

XIV. Proszę wpisać wyrażenia z ramki w odpowiednie miejsca w tabelce.

tydzień temu * przez tydzień * codziennie * przez sekundę * za dwa lata * trzy miesiące temu * przez cały dzień * przez chwilę * co minutę * za pięć lat * przedwczoraj * sto lat temu * rok temu * co niedzielę * trzy razy dziennie * co godzinę * przez dziesięć lat

Kiedy?	Jak często?	Jak długo?
tydzień temu	*codziennie*	*przez tydzień*

XV. Proszę wybrać wyrażenia z ramki i napisać, jaka pogoda jest w polskich miastach.

pada * wieje * świeci słońce * jest burza * jest pochmurno

PRZYKŁAD:

W Warszawie *jest pochmurno i wieje.*

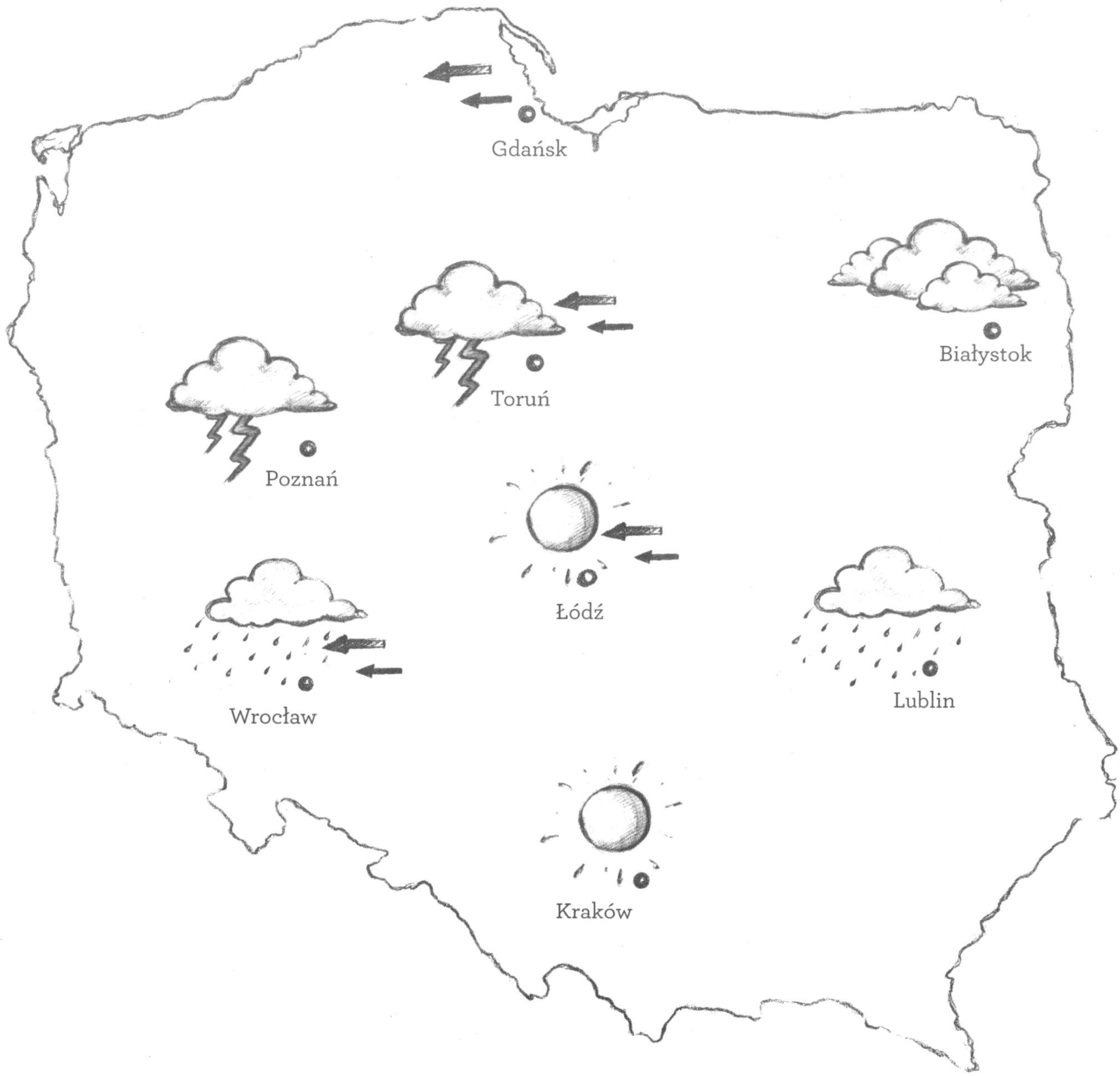

1. W Krakowie ....
2. W Lublinie ....
3. W Białymstoku ....
4. W Gdańsku ....
5. W Poznaniu ....
6. We Wrocławiu ....
7. W Łodzi ....
8. W Toruniu ....

KLUCZ DO ZADAŃ

Klucz do rozdziału

To jest pan Kowalski
Mianownik liczby pojedynczej

I.

a. 1. To jest kucharz. 2. To jest kierowca. 3. To jest nauczycielka. 4. To jest architekt. 5. To jest lekarz. 6. To jest kelnerka. 7. To jest student. 8. To jest studentka. 9. To jest artysta. 10. To jest policjant. 11. To jest dziecko. 12. To jest inżynier.

b. 1. To jest samochód. 2. To jest tramwaj. 3. To jest rower. 4. To jest kawiarnia. 5. To jest dom. 6. To jest komputer. 7. To jest hotel. 8. To jest ciastko. 9. To jest radio. 10. To jest restauracja. 11. To jest okno. 12. To jest krzesło.

II.

1. Tak, to jest lekarz. 2. Nie, to nie jest dentysta. To jest kierowca. 3. Nie, to nie jest kierowca. To jest nauczycielka. 4. Tak, to jest architekt. 5. Tak, to jest kelnerka. 6. Tak, to jest policjant. 7. Nie, to nie jest samochód. To jest tramwaj. 8. Tak, to jest okno. 9. Nie, to nie jest hotel. To jest restauracja. 10. Tak, to jest komputer. 11. Nie, to nie jest tramwaj. To jest rower. 12. Tak, to jest ciastko.

III.

masculinum: szampon, autobus, adres; **femininum**: lampa, wiza, wódka, zupa, mapa; **neutrum**: wino, kakao, biuro

IV.

masculinum: Gdańsk, Olsztyn, Białystok, Lublin, Zamość, Rzeszów, Kraków, Wrocław, Poznań; **femininum**: Gdynia, Zielona Góra, Łódź, Warszawa; **neutrum**: Opole, Zakopane

V.

1. miły, 2. piękna, 3. duży, 4. małe, 5. bogaty, 6. kolorowa, 7. smaczne, 8. dobry, 9. wysoka, 10. interesujące, 11. czerwone, 12. przystojny

VI.

1. (+), 2. (–) miły dentysta, 3. (–) nowa nauczycielka, 4. (+), 5. (+), 6. (–) wysoki turysta, 7. (+), 8. (+), 9. (+), 10. (–) elegancka kobieta, 11. (+), 12. (–) małe dziecko

VII.

1. Jaka, 2. Jakie, 3. Jaki, 4. Jaki, 5. Jaka, 6. Jaki, 7. Jaki, 8. Jakie, 9. Jaka, 10. Jaki

VIII.

1. Ta, 2. To, 3. Ten, 4. Ten, 5. Ta, 6. Ten, 7. Ten, 8. To, 9. Ten, 10. To

IX.

1. Co to jest? 2. Kto to jest? 3. Kto to jest? 4. Kto to jest? 5. Co to jest? 6. Co to jest? 7. Kto to jest? 8. Kto to jest? 9. Co to jest? 10. Co to jest?

X.

1. Jaka jest Magda? 2. Jaki jest Konrad? 3. Jakie jest radio? 4. Jakie jest jabłko? 5. Jaka jest studentka? 6. Jaki jest nauczyciel? 7. Jakie jest dziecko? 8. Jaki jest student? 9. Jakie jest ciastko? 10. Jaki jest kot?

XI.

1. My, 2. wy, 3. ty, 4. on, 5. ona, 6. oni, 7. one, 8. Ja, 9. Ty, 10. My

Klucz do rozdziału

Nie lubię siostry Michała!
Dopełniacz liczby pojedynczej

I.
1. książki, 2. telewizji, 3. listu, 4. masła, 5. szynki, 6. mięsa, 7. soku, 8. kawy, 9. papryki, 10. herbaty

II.
1. czasu, 2. soku, 3. samochodu, 4. kota, 5. roweru, 6. brata, 7. mapy, 8. Grecji, 9. Marysi, 10. książki

III.
Karol lubi ser żółty, kawę, szynkę i jogurt, ale nie lubi pizzy, ciasta i soku.
Piotrek lubi ser żółty, kawę i sok, ale nie lubi pizzy, ciasta, szynki i jogurtu.
Wiktoria lubi pizzę, ser żółty, ciasto i jogurt, ale nie lubi kawy, szynki i soku.
Agnieszka lubi ciasto, kawę i szynkę, ale nie lubi pizzy, sera żółtego, soku i jogurtu.

IV.
1. Beata, Marta, Daniel, Ola, Konrad, Zosia, Adam, Paweł, Dorota, Marek; 2. Konrada, Marka; 3. Ani, Wiktora, Pawła; 4. Daniela, Zosi, Adama; 5. Marty, Oli, Doroty.

V.
1. Niestety, nie ma mleka. 2. Tak, jest. Proszę. 3. Tak, jest. Proszę. 4. Niestety, nie ma wina. 5. Niestety, nie ma cukru. 6. Tak, jest. Proszę. 7. Niestety, nie ma kurczaka. 8. Niestety, nie ma cebuli. 9. Tak, jest. Proszę. 10. Niestety, nie ma melona.

VI.
1. Krakowa, 2. Warszawy, 3. Gdańska, 4. Szczecina, 5. Poznania, 6. Torunia, 7. Zamościa, 8. Marek jedzie do Lublina, 9. Karolina i Paweł jadą do Olsztyna, 10. Jedziemy do Gdyni, 11. Jadę do Rzeszowa, 12. Jadę do Łodzi

VII.
1. Francji, 2. Kanady, 3. Portugalii, 4. Hiszpanii, 5. Szwecji, 6. Norwegii, 7. Japonii, 8. Austrii, 9. Szwajcarii, 10. Brazylii, 11. Rosji

VIII.
1. z Francji, 2. z Austrii, 3. z Niemiec, 4. z Japonii, 5. z Kanady, 6. z Polski, 7. z Hiszpanii, 8. z Włoch, 9. z Rosji, 10. z Irlandii

IX.
2. f, 3. a, 4. b, 5. h, 6. d, 7. i, 8. e, 9. j, 10. g

X.
kostka: masła, margaryny; **kilogram**: cebuli, soli, ryżu, papryki; **litr**: soku, wina, mleka; **słoik**: dżemu, miodu; **puszka**: coca-coli, kukurydzy, piwa, zielonego groszku; **paczka**: kawy, herbaty, makaronu

XI.
a. makaronu, kawy, herbaty, chleba, masła, szynki
b. cebuli, mleka, soku, wody, dżemu, miodu

XII.
1. masła, 2. cukru, 3. mydła, 4. pasty, 5. sklepu spożywczego, 6. margaryny, 7. chleba, 8. ryżu, 9. szynki, 10. sera, 11. kremu

XIII.
1. Ani, 2. Daniela, 3. Katarzyny, 4. Marka, 5. Dominiki, 6. pana Janka, 7. Pawła, 8. Jakuba, 9. Elżbiety, 10. pani Marii

XIV.
1. brata, 2. kuzyna, 3. siostry, 4. kolegi, 5. babci, 6. taty, 7. wujka, 8. mamy, 9. kuzynki, 10. cioci

XV.
1. Czego słucha Maria? 2. Jakiego języka uczy się Kinga? 3. Jakiej herbaty nie lubisz? 4. Czyj to jest pies? 5. Czego nie lubi Lucyna? 6. Kogo nie lubi Iwona? 7. Czego szuka Karolina? 8. Czego nie ma Weronika? 9. Kogo nie kocha Piotrek? 10. Czyja to jest książka?

XVI.
1. Jakiego swetra szuka Konrad? 2. Jakiego wina nie lubi Lucyna? 3. Jakiego języka uczy się Patryk? 4. U jakiej koleżanki Weronika zjadła kolację? 5. Z jakiego miasta przyjechała Matylda? 6. Do jakiej szkoły chodzi Ania? 7. Do jakiego parku idziesz? 8. Do jakiej restauracji oni idą? 9. Jakiej siostry nie ma Witek? 10. Jakiego filmu nie ogląda Irena?

XVII.
1. Dokąd idzie Alina? 2. Skąd jest Lucy? 3. Dokąd wraca Patryk? 4. Skąd wracacie? 5. Dokąd oni idą? 6. Skąd jesteście?

XVIII.
1. mnie, 2. nas, 3. niej, 4. ciebie, 5. was, 6. nich, 7. nich, 8. niego, 9. go, 10. ich, 11. ich, 12. jej

Klucz do rozdziału

Mam brata i siostrę
Biernik liczby pojedynczej

I.
1. Karolinę, 2. Pawła, 3. ciastko, 4. film, 5. muzykę, 6. sok, 7. książkę, 8. Kraków, 9. pana profesora Nowaka, 10. psa

II.
1. ładną, 2. dużego, 3. jabłkowy, 4. jasne, 5. amerykańską, 6. długi, 7. dobrego, 8. małe, 9. wysokiego, 10. miłą

III.
a. 1. dom, 2. psa, 3. kota, 4. jabłko, 5. rodzinę, 6. rower, 7. ciastko, 8. samochód, 9. książkę, 10. dziewczynę
b. 1. babcię, 2. dziadka, 3. słońce, 4. psa, 5. dziecko, 6. teatr, 7. muzykę, 8. film. 9. chłopaka, 10. kota

IV.
1. kawę, 2. herbatę, 3. ciastko, 4. kino, 5. obiad, 6. makaron, 7. lody, 8. sok, 9. kurczaka, 10. koncert

V.
1. On je sałatę, ziemniaki, mięso i pije herbatę. 2. Ona je chleb, masło, dżem i pije mleko. 3. On je lody, ciasto i pije kawę. 4. Ona je bułkę, masło, szynkę, pomidory i pije wodę mineralną. 5. On je zupę, sałatę, rybę, ryż i pije herbatę. 6. Ona je chleb, masło, kiełbasę i pije sok.

VI.
1. We wtorek, 2. W środę, 3. W czwartek, 4. W piątek, 5. W sobotę, 6. W niedzielę

VII.
1. Ona ma na sobie sukienkę. 2. Ty jesteś ubrany w podkoszulek i spodnie. 3. Ona jest ubrana w spódnicę i płaszcz. 4. On ma na sobie spodnie i podkoszulek. 5. Ja jestem ubrana w kurtkę i spodnie. 6. Ty masz na sobie żakiet i spódnicę.

VIII.
1. fizykę, 2. muzykę jazzową, 3. dobre europejskie kino, 4. bułkę, dżem, 5. czarną kawę, 6. nową gazetę, 7. dużego psa, 8. Alicję, 9. obiad, 10. telewizję

IX.
1. mamę Karolinę, 2. tatę Michała, 3. babcię Helenę, 4. dziadka Franciszka, 5. muzykę rockową, 6. literaturę sensacyjną, 7. śniadanie, 8. chleb, masło, miód, 9. mleko, 10. obiad, 11. zadanie domowe, 12. film

X.
1. film, 2. imprezę, 3. koncert, 4. Anię, 5. obiad, 6. zupę pomidorową, 7. kurczaka, 8. sałatę, 9. ciasto, 10. obiad

XI.
1. Co ma Krzysiek? 2. Kogo lubi Karolina? 3. Kogo kocha Andrzej? 4. Co czyta siostra? 5. Co pisze wujek? 6. Kogo lubi Zbyszek? 7. Co sprząta Kasia? 8. Kogo zna Kinga? 9. Co ogląda Tomek? 10. Co je Julek?

XII.
1. Jaką literaturę lubi Tamara? 2. Jaki dom ma Iwona? 3. Jaką siostrę ma Bartek? 4. Jakie dziecko mają Kasia i Tomek? 5. Jakiego nauczyciela lubisz? 6. Jaki ser kupuje Ludwik? 7. Jaką kawę pije Krystyna? 8. Jakie wino lubi Adam? 9. Jakiego aktora zna Piotrek? 10. Jakie ciasto je Marzena?

XIII.
1. Na co czekacie 20 minut? 2. O co pyta Dominik? 3. Na jaką koleżankę oni czekają? 4. Na jaki pociąg czeka Teresa? 5. O co prosi Wojtek? 6. Co gotuje Krystyna? 7. Jaki film ogląda Jakub? 8. Kogo kocha Robert? 9. Co je Danusia? 10. Jaki sok pije Ewa?

XIV.
1. je, 2. niego, 3. ją, 4. cię, 5. was, 6. nas, 7. ich, 8. nią, 9. was, 10. mnie czy ją

XV.
1. go, 2. nich, 3. mnie, 4. cię, 5. ją, 6. was, 7. nie, 8. nas, 9. ich, 10. ciebie

Klucz do rozdziału

Kim jesteś?
Narzędnik liczby pojedynczej i mnogiej

I.

1. piosenkarką, 2. architekt, 3. aktor, 4. kucharzem, 5. nauczycielką, 6. policjantem, 7. dziennikarka, 8. kierowca, 9. dentystką, 10. pielęgniarką

II.

1. To jest wysoki turysta. 2. Ona jest ładną panią. 3. To jest ładna pani. 4. To jest dobry aktor. 5. On jest dobrym aktorem. 6. Ona jest złą dentystką. 7. To jest zła dentystka. 8. One są atrakcyjnymi dziewczynami. 9. To jest popularna piosenkarka. 10. Oni są miłymi policjantami. 11. One są małymi dziećmi.

III.

1. Ona jest inteligentną Amerykanką. 2. On jest sympatycznym Portugalczykiem. 3. Ona jest miłą Japonką. 4. On jest szczupłym Meksykaninem. 5. On jest przystojnym Francuzem. 6. On jest amerykańskim studentem.

IV.

1. Janem, 2. Kasią, 3. koleżankami, 4. bratem, 5. siostrą

V.

Brak klucza. Sprawdza nauczyciel.

VI.

1. filmem, 2. dziewczynami, 3. muzyką, 4. malarstwem, 5. poezją, 6. językami, 7. sportem, 8. nauką, 9. teatrem

VII.

1. Tak, interesujemy się malarstwem. 2. Nie, oni nie interesują się poezją. 3. Tak, ona interesuje się filmem. 4. Tak, interesuję się teatrem. 5. Nie, nie interesujemy się nauką. 6. Tak, one interesują się sportem. 7. Tak, on interesuje się językami.

VIII.

1. dobrą studentką, 2. malarstwem włoskim, 3. językiem francuskim, 4. Francuzem, 5. miłym chłopakiem, 6. muzyką jazzową

IX.

1. koleżanką, 2. wysoką brunetką, 3. niską blondynką, 4. matematyką, biologią, 5. historią, literaturą, 6. tramwajem, 7. autobusem, 8. cytryną, 9. miodem, 10. architektem, 11. lekarzem

X.

1. rowerem, 2. pociągiem, 3. metrem, 4. tramwajem, 5. taksówką, 6. ciężarówką

XI.

1. Marek mieszka z Olą. 2. Ania mieszka z Magdą i Natalią. 3. Natalia mieszka z Anią i Magdą. 4. Magda mieszka z Anią i Natalią. 5. Paweł mieszka z Piotrkiem. 6. Piotrek mieszka z Pawłem. 7. Piotrek i Paweł mieszkają nad Anią, Magdą i Natalią. 8. Ania, Magda i Natalia mieszkają nad Michałem, Olą i Markiem. 9. Ania, Magda i Natalia mieszkają pod Pawłem i Piotrkiem. 10. Ola, Marek i Michał mieszkają pod Anią, Magdą i Natalią.

XII.

poziomo: kotami – kotem; braćmi – bratem; psami – psem; przyjaciółmi – przyjacielem; **pionowo**: dziećmi – dzieckiem; siostrami – siostrą; rodzicami – rodzicem

XIII.

1. studentami, 2. braćmi, 3. siostrami, 4. nauczycielkami, 5. lekarzami, 6. policjantami, 7. kelnerkami, 8. dziećmi, 9. rodzicami, 10. dentystkami, 11. architektami

XIV.

1. architektami, 2. malarkami, 3. muzykami, 4. nauczycielkami, 5. Hiszpankami, 6. Francuzami, 7. lekarzami, 8. Amerykankami, 9. Amerykanami, 10. emerytami

XV.

1. Lalka jest nad piłką. 2. Piłka jest pod lalką, nad kwiatami. 3. Kwiaty są pod piłką. 4. Samochód jest nad butami, między lalką a oknem. 5. Długopisy są pod butami, między kwiatami a kotem. 6. Okno jest nad łóżkiem. 7. Łóżko jest pod oknem, nad kotem. 8. Kot jest pod łóżkiem.

XVI.

1. Kim jest Marek? 2. Czym interesuje się Ala? 3. Kim jesteś? 4. Czym interesują się Karol i Piotrek? 5. Kim jest Michalina? 6. Czym interesuje się Artur? 7. Kim jesteście? 8. Czym się interesujesz? 9. Kim oni są? 10. Czym interesuje się Maciek?

XVII.

1. Jakim studentem jest Michał? 2. Jaką muzyką interesuje się Kacper? 3. Jakim dzieckiem jest Maciek? 4. Jakimi filmami interesuje się Bartek? 5. Jaką literaturą interesuje się Ania? 6. Jakim lekarzem jest Adam? 7. Jaką dziewczyną jest Olga? 8. Jakimi dziećmi są Kasia i Wiktor? 9. Jakimi studentami oni są? 10. Jaką historią interesuje się Staś?

XVIII.

1. Z kim lubisz rozmawiać? 2. Jakim samochodem jeździ Krzysiek? 3. Z kim się jutro spotykacie? 4. Czym jeździ Kasia do szkoły? 5. Z czym jesz kurczaka? 6. Z czym pije Tosia herbatę? 7. Z jakim chłopakiem spotyka się Jola? 8. Z kim idzie Marzena do kina? 9. Z kim dyskutujecie? 10. Z kim tańczy Anna?

XIX.

1. mną, 2. nią, 3. nimi, 4. nią, 5. mną, 6. nami, 7. nim, 8. nią, 9. nami, 10. nimi

Klucz do rozdziału

Studiuję w Krakowie
Miejscownik liczby pojedynczej i mnogiej

I.
1. basenie, 2. kinie, 3. restauracji, 4. przystanku, 5. teatrze, 6. morzu, 7. górze, 8. uniwersytecie, 9. parku, 10. szkole

II.
1. wysokim, 2. ciekawej, 3. małym, 4. kolorowym, 5. nowym, 6. długim, 7. pięknej, 8. ruchliwej, 9. wysokiej, 10. wygodnym

III.
1. na, 2. na, 3. w, 4. w, 5. na, 6. na, 7. w, 8. w, 9. w, 10. na

IV.
1. przy, 2. na, 3. na, 4. przy, 5. Przy, 6. Przy, 7. Na, 8. przy, 9. na, 10. w

V.
1. Paryżu, 2. Londynie, 3. Moskwie, 4. Krakowie, 5. Berlinie, 6. Lizbonie, 7. Rzymie, 8. Madrycie, 9. Warszawie, 10. Pradze, 11. Wiedniu, 12. Amsterdamie, 13. Brukseli, 14. Sztokholmie, 15. Budapeszcie

VI.
1. w Warszawie, 2. w Gdańsku, 3. w Olsztynie, 4. w Szczecinie, 5. we Wrocławiu, 6. w Zielonej Górze, 7. w Rzeszowie, 8. w Poznaniu, 9. w Łodzi

VII.
1. Mówimy o Warszawie. 2. Oni mówią o Marku. 3. One mówią o Michale. 4. Ona mówi o książce. 5. On mówi o filmie. 6. Mówię o polityce. 7. Tomek mówi o historii. 8. Anka mówi o synu. 9. Matylda mówi o siostrze. 10. Krzysiek mówi o domu.

VIII.
1. restauracji, 2. mieście, 3. kawiarni, 4. ulubionej restauracji, 5. krakowskim Rynku, 6. ulicy, 7. galerii, 8. filharmonii, 9. koncercie, 10. pubie, 11. nocy

IX.
1. południu, 2. wschodzie, 3. północy, 4. północnym wschodzie, 5. północnym zachodzie, 6. południowym zachodzie, 7. zachodzie, 8. południowym wschodzie

X.
1. na krześle, 2. na ścianie, 3. na regale, 4. na (...) stoliku, 5. na podłodze, 6. na talerzu, 7. na stole, 8. na stole, 9. przy stole

XI.

1. górach, 2. gorących krajach, 3. szerokich plażach, 4. ciepłych morzach, 5. oceanach, 6. małych wsiach, 7. niedużych schroniskach, 8. hotelach, pensjonatach, 9. wakacjach, 10. pięknych miejscach, 11. nowych kolegach

XII.

1. O kim myśli Sebastian? 2. W kim zakochała się Monika? 3. O czym marzy Krystyna? 4. O czym opowiadał Mikołaj? 5. O czym mówi Kacper? 6. Gdzie śpi kot? 7. Kiedy oni się spotkają? 8. Gdzie mieszka Krzysiek? 9. Kiedy studenci piszą test? 10. Gdzie stoją samochody?

XIII.

1. O jakiej polityce rozmawiacie? 2. Po jakiej kolacji Piotrek i Agnieszka poszli do kina? 3. W jakim chłopcu zakochała się Michalina? 4. Na jakim drzewie siedział kot? 5. W jakich górach jest często bardzo zimno? 6. O jakiej koleżance myślał Andrzej? 7. W jakim lesie jest bardzo cicho? 8. W jakiej torebce masz klucze? 9. Na jakim obiedzie się spotkaliście? 10. W jakich krajach był Marcin?

XIV.

1. nim, 2. niej, 3. was, 4. nas, 5. nich, 6. nich, 7. mnie, 8. tobie, 9. nim, 10. mnie

Klucz do rozdziału

To są inteligentne studentki
Mianownik i biernik liczby mnogiej rodzaju niemęskoosobowego

I.
1. telefony, 2. krzesła, 3. dziewczynki, 4. pociągi, 5. czekolady, 6. ciastka, 7. wina, 8. herbaty, 9. piwa, 10. kosze, 11. drzewa, 12. samochody, 13. kawy, 14. bułki, 15. ogórki

II.
1. W tym mieście są dobre teatry. 2. Małe koty bawiły się w ogrodzie. 3. Ładne talerze stały na stole. 4. Duże psy biegały po ulicy. 5. W tym muzeum są piękne obrazy.

III.
1. W tym filmie występują sławne aktorki. 2. Piękne dziewczyny szły ulicą. 3. Zdolne studentki napisały bardzo dobrze test. 4. W lecie są ciepłe noce. 5. W ogrodzie są czerwone róże.

IV.
1. W tym domu są duże okna. 2. Czerwone jabłka były w koszyku. 3. W tym mieście są nowoczesne kina. 4. W szkole są piękne akwaria. 5. W tym sklepie są drogie wina.

V.
1. Oglądam piękne obrazy. 2. Kupiłam świeże chleby. 3. Zwiedzamy zabytkowe kościoły. 4. Maciek obejrzał filmy kryminalne. 5. Oni napisali długie listy. 6. Magda i Karol mają duże samochody.

VI.
1. Zosia ma piękne psy. 2. Krzysiek lubi małe koty. 3. W zoo widziałam młode tygrysy. 4. W naszym zoo możesz zobaczyć indyjskie słonie. 5. Piotrek ma miłe króliki. 6. Zuzia ma żółte kanarki.

VII.
1. Oni jedzą świeże bułki. 2. Krysia kupiła ładne bluzki. 3. Marek czyta interesujące książki. 4. Mamy kolorowe papugi. 5. Lubię letnie noce. 6. Michał poznał miłe dziewczyny.

VIII.
1. Jem dobre jabłka. 2. Zwiedziliśmy ciekawe muzea. 3. Widzieliśmy piękne miasta. 4. Oni mają małe dzieci. 5. Kasia chce mieć w domu duże okna. 6. Andrzej zrobił trudne ćwiczenia.

IX.
1. Kto pisze test? 2. Kto je obiad? 3. Co leży na stole? 4. Co jest w szafie? 5. Kto gra w tenisa? 6. Co wisi na ścianie?

X.

1. Jakie są dzieci? 2. Jakie są psy? 3. Jakie dziewczyny siedzą w kawiarni? 4. Jakie albumy są w księgarni? 5. Jakie pokoje są w tym hotelu? 6. Jakie róże są w ogrodzie?

XI.

1. Kogo zna Marek? 2. Co czyta Jurek? 3. Co lubi Matylda? 4. Na kogo czekacie? 5. O co pytasz? 6. Co oni jedzą?

XII.

1. Jakie jabłka lubisz? 2. Jakie buty ma Julek? 3. Jakie piosenki lubi Maria? 4. Jakie obiady gotuje babcia? 5. Jakie ćwiczenia robicie? 6. Jakie fotele oni kupili?

XIII.

1. na śniadanie je owoce, na obiad pierogi, na kolację rogaliki. 2. na śniadanie je jajka, na obiad naleśniki, na kolację banany. 3. na śniadanie je parówki, na obiad gołąbki, na kolację jabłka. 4. na śniadanie je tosty, na obiad kluski, na kolację kanapki.

XIV.

1. fotele, 2. doniczki, 3. obrazy, 4. półki, 5. książki, 6. małe stoliki, 7. łóżka, 8. poduszki, 9. lampki nocne, 10. kolorowe gazety, 11. duże okna, 12. białe firanki

XV.

1. sałaty, 2. ogórki, 3. pomidory, 4. kostki, 5. litry, 6. pudełka, 7. chleby, 8. bułki, 9. ciastka, 10. herbatniki

Klucz do rozdziału

Ojej, nic nie pamiętam!
Ćwiczenia powtórzeniowe. Rzeczownik i przymiotnik

I.
1. Kim on jest? 2. Czyja to jest książka? 3. Jakiej kawy nie lubisz? 4. Na kogo czekacie? 5. Kogo lubi Marta?

II.
1. Co to jest? 2. Czym jeździsz do pracy? 3. Dokąd chodzisz piechotą? 4. Jakiego ona ma chłopca? 5. Z kim ją widziałeś? 6. Czego on używa? 7. Jakiej muzyki słucha Ania? 8. Czym się interesujesz? 9. Kogo dzisiaj nie było? 10. Jakim samochodem jeździ Marek?

III.
1. Kogo nie lubisz? 2. Co studiujecie? 3. Czym jedziesz do Warszawy? 4. O kim on myśli? 5. O czym marzysz? 6. Dokąd idziesz? 7. Czego oni nie piją? 8. Na kogo czekałaś bardzo długo? 9. Czego uczy się Ania? 10. Czyj to jest dom?

IV.
1. O czym opowiada Marek? 2. O kim myśli Beata? 3. Jakie studentki są w czwartej grupie? 4. Jaki jest Michał? 5. Za co zapłaciliście? 6. Kim on jest? 7. Kogo ona kocha? 8. Czego słucha Dominika? 9. Skąd przyjechałeś? 10. Gdzie mieszkasz?

V.
1. Dokąd jedziesz? 2. Dokąd idą? 3. Gdzie jesteście? 4. Skąd wracasz? 5. Skąd wracają? 6. Gdzie jesteś? 7. Dokąd jedziesz? 8. Dokąd jedziecie? 9. Dokąd idziecie? 10. Gdzie jest Kasia?

VI.
1. szkoły, 2. szkołę, 3. mleko, 4. kolegą, 5. kanapkę, 6. serem, 7. domu, 8. koleżanką, 9. obiad, 10. mama, 11. cytryną, 12. książkę, 13. telewizję, 14. prysznic

VII.
1. tenisa, 2. książki, 3. film, 4. Pawła, 5. samolotem, 6. ocean, 7. kawę, 8. domu, 9. Anny, 10. Wojtka

VIII.
1. dużego, 2. długą, 3. zielona, 4. przystojnym, 5. ciekawej, 6. krótką, 7. wysokim, 8. jasne, 9. nowoczesnego, 10. pomarańczowego

IX.
1. czerwoną taksówką, 2. pilnym studentem, 3. zimne piwo, 4. interesującą książkę, 5. piękny ogród

X.
1. przyjaciółką, 2. Moniki, 3. Anglii, 4. lekarzem, 5. klinice, 6. domu, 7. Londynem, 8. dom, 9. ogród, 10. ogrodzie, 11. basen, 12. rodziną

XI.
1. mieście, 2. Krakowa, 3. szkoły, 4. siostry, 5. Krakowie, 6. uniwersytet, 7. kolegą, 8. akademiku, 9. historię, 10. filozofię

XII.
1. spacer, 2. rzeką, 3. osoby, 4. psami, 5. młodego chłopca, 6. nim, 7. egzaminu, 8. go, 9. stoliku, 10. pracowitą dziewczyną

XIII.
1. dziewczyną, 2. rodziny, 3. miasta, 4. pociągiem, 5. autobusem, 6. ogrodu, 7. dziewczyny, 8. kawy, 9. bułkę, 10. masłem

XIV.
1. Marka, 2. żony, 3. miasta, 4. córką, 5. synem, 6. autobusem, 7. ryżu, 8. masła, 9. butelkę, 10. kawy

XV.
1. szkoły, 2. szkole, 3. koleżankę, 4. domu, 5. telewizję, 6. chłopakiem, 7. telefon, 8. komputerze, 9. gimnazjum, 10. dobrą uczennicą, 11. telewizji, 12. chłopaka, 13. Bożeny, 14. psa, 15. spacer, 16. flecie, 17. popularną flecistką

XVI.
1. samolotem, 2. pociągiem, 3. pociągu, 4. książkę, 5. kawę, 6. mlekiem, 7. piątek, 8. Poznania, 9. pociągu, 10. dziwny człowiek, 11. torby, 12. walizki, 13. Wojtka, 14. kanapkę, 15. nim, 16. mężczyzny, 17. niedzielę, 18. niedzieli, 19. pracy, 20. pracę, 21. firmie

XVII.
1. Bałtyk, 2. polskim morzem, 3. Morzem Śródziemnym, 4. góry, 5. górach, 6. małą rzekę, 7. jezioro, 8. jeziorem, 9. jezioro

Klucz do rozdziału

Moje czy twoje? Zaimek

I.
1. mój, 2. twoja, 3. wasza, 4. nasz, 5. moje, 6. wasze, 7. twój, 8. moja

II.
1. jego, 2. twoja, 3. jej, 4. ich, 5. nasz, 6. jej, 7. wasza, 8. nasze, 9. mój, 10. moja

III.
1. Czyje, 2. Czyja, 3. Czyj, 4. Czyja, 5. Czyje, 6. Czyj

IV.
1. Czyj jest ten pies? 2. Czyje jest to dziecko? 3. Czyja jest ta zupa? 4. Czyja jest ta sukienka? 5. Czyj jest ten ołówek? 6. Czyje jest to piwo?

V.
1. swój, 2. Jego, 3. swoim, 4. swoim, 5. Jej, 6. swoją, 7. swojej, 8. Jej, 9. Ich, 10. swoją

VI.
1. was, 2. nimi, 3. was, 4. mnie, 5. tobie, 6. cię, 7. mnie, 8. nich, 9. nim, 10. nią

VII.
1. niego, 2. nami, 3. ją, 4. was, 5. ich, 6. mnie

VIII.
1. nim, 2. wami, 3. nimi, 4. nimi, 5. nami, 6. tobą, 7. mną

IX.
1. jej, 2. ich, 3. was, 4. mnie, 5. cię, 6. nas, 7. ich

X.
1. My, 2. nim, 3. Was, 4. nimi, 5. nas, 6. je, 7. wy, 8. go, 9. nich, 10. mnie

XI.
1. nami, 2. mnie, 3. Ono, 4. ich, 5. nim, 6. was, 7. cię, 8. jej, 9. nas, 10. nich

Klucz do rozdziału

Wiem, umiem, znam
Czas teraźniejszy

I.
1. jesteś, jest, 2. jest, jest, 3. jesteśmy, jesteście, 4. są, jestem, 5. są, jesteś, 6. są, jest, 7. jest, jest, 8. jest, 9. jesteście, 10. jesteśmy

II.
1. jestem, jesteś, 2. jesteś, jest, 3. jest, jest, jest, 4. jesteśmy, jesteście, 5. jesteście, są, 6. są, są

III.
1. Ona ma na imię Olga. 2. One mają na imię Maria i Magda. 3. Oni mają na imię Piotr i Paweł. 4. My mamy na imię Ewa i Maciek.

IV.
1. nazywają się, 2. nazywamy się, 3. nazywasz się, 4. nazywacie się, 5. nazywa się

V.
1. czyta, 2. oglądają, 3. rozmawiamy, 4. sprząta, 5. biegają, 6. kocha, 7. czekam, 8. wracasz, 9. słuchacie, 10. gra

VI.
1. ma, 2. mają, 3. kocha, 4. uwielbiają, 5. zaprasza, 6. słucha, 7. masz, 8. słuchasz, 9. kochacie, 10. uwielbiamy, 11. mieszkają, 12. zapraszają

VII.
1. mieszka, 2. nazywa się, 3. mają, 4. mieszkasz, 5. mieszkacie, 6. mają, 7. mieszkam, 8. nazywają się

VIII.
1. wiem, 2. jedzą, 3. je, 4. wiedzą, 5. jesz, 6. jem, 7. wiesz, 8. wiecie, 9. wiemy, 10. jecie

IX.
1. płaci, 2. śpię, 3. uczę się, 4. robimy, 5. budzą się, 6. jeździ, 7. chodzą, 8. lubicie, 9. tańczy, 10. mówicie

X.
1. lubi jeździć na nartach, ale nie lubi gotować. 2. lubię grać w karty, ale nie lubię grać w tenisa. 3. lubi słuchać muzyki, ale nie lubi grać w szachy. 4. lubią czytać, ale nie lubią rozmawiać przez telefon (telefonować). 5. lubimy jeździć na nartach, ale nie lubimy jeździć na rowerze. 6. lubisz podróżować, ale nie lubisz robić zakupów (kupować).

XI.
1. lubią, 2. lubią, 3. mówi, 4. mówią, 5. dzwoni, 6. śpi, 7. robi, 8. lubi, 9. robi, 10. lubi, 11. chodzą, 12. płacą

XII.
1. ćwiczy, 2. patrzy, 3. liczy, 4. widzi, 5. tańczą, 6. dzwonią, 7. leży, 8. marzy, 9. słyszy, 10. cieszę się, 11. widzę, 12. cieszysz się

XIII.
1. muszą, 2. muszę, 3. musi, 4. musimy, 5. Musimy, 6. musisz

XIV.
1. piszą, 2. kąpie się, 3. daje, 4. wstajecie, 5. czeszemy się, 6. wstajesz

XV.
1. pisze, 2. pisze, 3. czesze się, 4. wstają, 5. wstaje, 6. wstaję, 7. wstajesz, 8. kąpię się, 9. kąpie się, 10. kąpią się

XVI.
1. może, 2. możemy, 3. możecie, 4. możesz, 5. mogą, 6. może, 7. mogę

XVII.
1. gotujesz, 2. kosztuje, 3. gotuje, 4. studiujemy, 5. kupują, 6. pracuję, 7. mailujecie, 8. ilustruje, 9. dyskutujecie, 10. chorują

XVIII.
1. jedziesz, 2. je, 3. jeżdżą, 4. jadą, 5. jecie, 6. jadę, 7. jeździć, 8. jeździmy, 9. jeździ, 10. je

XIX.
1. wstaję, 2. robi, 3. gotuje, 4. idziemy, 5. wracamy

XX.
1. wstaję, 2. idę, 3. robię, 4. przygotowuje, 5. włącza, 6. słuchamy, 7. daje, 8. idzie, 9. opiekuje się, 10. jedzie, 11. idą, 12. pracuję, 13. czytam, 14. piszę, 15. jestem, 16. wracają, 17. rozmawiamy, 18. je, 19. pijemy, 20. oglądamy

XXI.
1. On gotuje. 2. On gra w szachy. 3. Ona gra w tenisa. 4. Ona pływa. 5. On słucha muzyki. 6. Ona ogląda film. 7. On pisze list. 8. Ona tańczy. 9. On czyta. 10. Ona jeździ na rowerze.

XXII.
1. czyta, 2. gra w tenisa, 3. pływamy, 4. słuchają muzyki, 5. tańczą, 6. Idę do kina.

XXIII.
1. Kasia zna język francuski. 2. Oni mówią po portugalsku. 3. (Wy) znacie język hiszpański. 4. (Ty) mówisz po rosyjsku. 5. (Ja) znam język arabski. 6. (My) mówimy po włosku.

XXIV.

1. chodzimy, idziemy, 2. chodzicie, idziecie, 3. chodzi, idzie, 4. chodzisz, idziesz, 5. chodzą, idą

XXV.

1. jeżdżę, jadę, 2. jeździ, jedzie, 3. jeździ, jedzie, 4. jeżdżą, jadą, 5. jeździsz, jedziesz

XXVI.

1. idzie, 2. wsiada, 3. jedzie, 4. wysiada, 5. jadą, 6. chodzą, 7. wsiadają, 8. jadą

XXVII.

1. umiem, 2. zna, 3. wiemy, 4. znają, 5. umiecie, 6. znają, 7. umie, 8. wie

XXVIII.

1. umie, 3. umie, 5. zna

XXIX.

1. umie, 2. umiemy, 3. znamy, 4. wiemy, 5. wiem, 6. wiecie, 7. znacie, 8. znają, 9. wiedzą, 10. umie

Uczyłem się całą noc!
Czas przeszły

I.
1. c, 2. b, 3. c, 4. a, 5. c, 6. a, 7. b, 8. c, 9. a, 10. c

II.
1. robiła, 2. był, 3. uczyli się, 4. oglądali, 5. mieszkał, 6. jeździła, 7. szedłem, 8. myśleliśmy, 9. wiedziałam, 10. czytały

III.
rano: 1. wstawał, 2. mył zęby, 3. ubierał się, 4. jadł śniadanie, 5. szedł do szkoły, **przed południem**: 1. uczył się, 2. rozmawiał z kolegami, 3. grał w piłkę, **w południe**: 1. wracał do domu, 2. jadł obiad, **po południu**: 1. robił zadanie domowe, 2. słuchał muzyki, 3. oglądał telewizję, **wieczorem**: 1. jadł kolację, 2. brał prysznic, 3. czytał, 4. spał

IV.
1. szedł, był, 2. szła, była, 3. szłam, byłam, 4. szłyśmy, byłyśmy, 5. szli, byli, 6. szliśmy, byliśmy, 7. szedłeś, szłaś, 8. szliście, szłyście

V.
1. Jadłem makaron. 2. Jadłam kiełbasę. 3. Jadłyśmy czekoladę. 4. Oni jedli jajko. 5. One jadły zupę. 6. Kamil jadł kurczaka. 7. Michalina jadła lody. 8. Jedliśmy miód. 9. Jadłyśmy banana i jabłko. 10. Jedliśmy rybę.

VI.
1. mogłam, 2. mogłyśmy, 3. mógł, 4. mogliśmy, 5. mogli, 6. mogli, 7. mogły, 8. mogli, 9. mogłyśmy, 10. mogła, 11. mogliście

VII.
1. myślała, 2. umiał, 3. leżałam, 4. wiedzieliśmy, 5. wiedziałyście, 6. widziałem, 7. musiałaś, 8. miałyśmy, 9. umieli, 10. musiały

VIII.
1. chodził, 2. uczył się, 3. poznawał, 4. studiował, 5. pracował, 6. podróżował, 7. zdobywał, 8. Pisał, 9. jeździł, 10. czytał

IX.
1. jeździłem, 2. dał, 3. mogłem, 4. marzyłem, 5. zwiedzaliśmy, 6. pływaliśmy, 7. zaproponował, 8. powiedzieli, 9. przedstawiła, 10. zakochałem się

X.

1. nie było go w klasie. 2. My jedliśmy obiad. 3. Ty wiedziałaś o tym. 4. Szłam do lekarza. 5. On jechał do Warszawy. 6. Mogłem to zrobić. 7. Nie mogłyśmy cię odwiedzić. 8. Oni jedli makaron. 9. Chcieliśmy obejrzeć ten film. 10. Koty leżały na łóżku.

Klucz do rozdziału

Będę się uśmiechać
Czas przyszły

I.
1. będziesz, 2. będzie, 3. będzie, 4. będziemy, 5. będziecie, 6. będą, 7. będą

II.
1. b, 2. c, 3. a, 4. a, 5. b

III.
1. będą czytały, 2. będziemy pisali, 3. będziecie piły, 4. będzie kupował, 5. będą słuchali

IV.
1. będziemy teraz czytać, 2. będziemy teraz grać w tenisa, 3. będę teraz grać na fortepianie, 4. będzie teraz tańczyć, 5. będą teraz gotować, 6. będą teraz spać

V.
1. Ty będziesz czytała książki. 2. On będzie pracować w ogrodzie. 3. My będziemy pisali e-maile. 4. Wy będziecie grać w tenisa. 5. Ja będę sprzątał mieszkanie. 6. Dziecko będzie uczyło się rysować. 7. Ta lekarka będzie leczyć dzieci. 8. Ten aktor będzie występował w filmie. 9. Studenci będą pisali test. 10. Dziewczyny będą gotować obiad.

VI.
1. mogła, 2. chciała, 3. musieli, 4. musieli, 5. mogła, 6. chcieli, 7. mogli, 8. musiał, 9. chciała, 10. mogły

VII.
1. będę chciała, 2. będę musiała, 3. będziesz mógł, 4. będziesz chciał, 5. będziemy musieli, 6. będziemy mogli, 7. będą musieli, 8. będą chcieli, 9. będzie chciał, 10. będzie mógł

VIII.
1. będę odwiedzała, 2. będziemy chodzili, 3. będziemy pływali, 4. będziesz robił, 5. będą, 6. będę jeździł, 7. będę zwiedzał, 8. będę pisał, 9. będą czytały, 10. będą słuchały

IX.
1. będę wstawał, 2. będę szedł, 3. będę robił, 4. będzie budziła się, 5. będzie grał, 6. będziemy chodzili, 7. będzie opalała się, 8. będą odwiedzali, 9. będą bawiły się, 10. będzie gotowała, 11. będziemy czytali, 12. będziemy oglądali, 13. będą jeździły, 14. będziemy rozmawiali

X.

1. Kiedy będzie jadł obiad, będzie słuchał radia. 2. Kiedy będziesz pił herbatę, będziesz czytał gazetę. 3. Kiedy będziemy chodzili po lesie, będziemy zbierali grzyby. 4. Kiedy będą pracowali, będą zarabiali pieniądze. 5. Kiedy będziecie uprawiały sport, będziecie zdrowe. 6. Kiedy będzie zima, będzie padał śnieg. 7. Kiedy będą wakacje, będziemy spali długo. 8. Kiedy Dominika będzie grała na gitarze, będziemy śpiewały. 9. Kiedy Krystyna będzie we Francji, będę często do niej telefonował. 10. Kiedy Kacper będzie robił zakupy, będzie płacił kartą.

Klucz do rozdziału

Uczę się języka polskiego, ale jeszcze się nie nauczyłem
Aspekt dokonany i niedokonany w czasie przeszłym

I.
1. k, 3. i, 4. h, 5. f, 6. j, 7. c, 8. d, 9. b, 10. g, 11. a

II.
1. posprzątać, 2. myć się, 3. ubrać się, 4. zrobić, 5. wstawać, 6. pójść, 7. wrócić, 8. dzwonić, 9. przygotować, 10. załatwić

III.
1. kupić, 2. brać, 3. wybrać, 4. powiedzieć, 5. budować, 6. kończyć, 7. zjeść, 8. wypić

IV.
1. z-, 2. prze-, 3. po-, 4. wy-, 5. na-, 6. u-, 7. na-, 8. za-, 9. z-, 10. po-

V.
1. budowali, zbudowali, 2. kupowała, kupiła, 3. robiłam, zrobiłam, 4. czytałeś, przeczytałeś, 5. pisała, napisała, 6. piliśmy, wypiliśmy

VI.
1. zaprosić, 2. przeczytać, 3. robiłaś, 4. przyszli, 5. napisać, 6. obejrzeć, 7. obejrzał, 8. powiedział

VII.
1. poszedłem, 2. ugotowała, 3. zjadł, 4. uczyłem się, słuchałem

VIII.
1. wstajemy, wstałyśmy, 2. piję, wypiłem, 3. chodzisz, poszłaś, 4. jedzą, zjedli, 5. spędzacie, spędziliście

IX.
1. wstaję, 2. zobaczyła, 3. skończyła, 4. napisałam, 5. gotuje, 6. zjadłeś, 7. daliśmy, 8. mówił, 9. kupili, 10. robiłam

X.
1. spotykała się, 2. spotkała, 3. spóźniał się, 4. spóźnił się, 5. czekała, 6. przyszedł, 7. powiedział, 8. zjeść, 9. wypić, 10. zaprosił, 11. powiedziała, 12. napisała, 13. przeczytała, 14. pisała, 15. oddawała

XI.

1. wstawała, 2. umyła się, 3. ubrała się, 4. ubierała się, 5. posprzątała, 6. sprzątnęła, 7. zrobiła, 8. przygotowała, 9. obudził się, 10. budziła, 11. wstał, 12. zjadł, 13. poszli, 14. wrócili, 15. poszła

XII.

1. poszliśmy, 2. poszedł, 3. poszła, 4. poszły, 5. poszedłeś, 6. poszedł, 7. poszłaś, 8. poszedł, 9. poszła, 10. poszło

XIII.

1. wzięłam pędzle i farby, 2. wziąłeś pióro i papier, 3. wzięłaś łyżwy, 4. wziął dokumenty, 5. wzięła łyżkę i nóż, 6. wzięło piłkę i rower, 7. wzięliśmy mikrofon, 8. wzięłyśmy nożyczki i grzebień, 9. wzięliście lekarstwa, 10. wzięłyście kwiaty, 11. wzięli rakietę, piłkę do tenisa i szorty, 12. wzięły walizkę, plecak i plan miasta

XIV.

1. Kiedy podróżowałaś po Egipcie, kupiłaś pergamin. 2. Kiedy wsiadał do tramwaju, zobaczył Jolę. 3. Kiedy jechała pociągiem, poznała Piotrka. 4. Kiedy byliśmy w Krakowie, zwiedziliśmy Wawel. 5. Kiedy szłyście ulicą, spotkałyście Marcina. 6. Kiedy byli na wakacjach, nauczyli się hiszpańskiego. 7. Kiedy chodziły do szkoły, poznały wielu przyjaciół.

XV.

1. Kiedy sprzątałeś mieszkanie, przyszedł Marek. 2. Kiedy pracował, zadzwoniła Marta. 3. Kiedy czytała, zaczął padać deszcz. 4. Kiedy rozmawiałyśmy, przyszła Dorota. 5. Kiedy szliście ulicą, zdarzył się wypadek. 6. Kiedy spali, zatelefonował Jurek. 7. Kiedy oglądały film, przyszedł sąsiad.

Klucz do rozdziału

Jutro zrobię zadanie domowe!
Aspekt dokonany i niedokonany w czasie przyszłym

I.

Czasowniki niedokonane (aspect imperfect)		Czasowniki dokonane (aspect perfect)	
odpoczywać	będziemy odpoczywać (będę, będziesz odpoczywać)	pojechać	pojadę, pojedziemy (pojadę, pojedziesz)
nurkować	będziemy nurkować (będę, będziesz nurkować)	wziąć	weźmiemy (wezmę, weźmiesz)
		pojechać	pojedziemy (pojadą, pojedziesz)
opalać się	będziemy opalać się (będę, będziesz opalać się)	zwiedzić	zwiedzimy (zwiedzę, zwiedzisz)
mieszkać	będziemy mieszkać (będę, będziesz mieszkać)	spotkać się	spotkamy się (spotkam się, spotkasz się)
zwiedzać	będziemy zwiedzać (będę, będziesz zwiedzać)	zrobić	zrobimy (zrobię, zrobisz)
		wrócić	wrócimy (wrócę, wrócisz)

II.
1. zadzwoni, 2. pojedziemy, 3. obejrzeć, 4. Zjem, pójdę, 5. Kupię, 6. zaprosicie, 7. wypijesz, 8. przeczytać, 9. napisać, 10. przyjdę

III.
1. pojedzie, 2. wstanie, 3. umyje się, 4. ubierze się, 5. zje, 6. wypije, 7. pójdzie, 8. spotka się, 9. spędzą, 10. będą chodzić, 11. będą jeść, 12. będą słuchać, 13. wróci, 14. będzie się uczyć

IV.
1. pomogę, 2. pojedziesz, 3. pomożesz, 4. pojedziemy, 5. kupimy, 6. zjemy, 7. wypijemy, 8. pójdę, 9. pójdziesz, 10. pojadą, 11. pojadę, 12. zapomnisz

V.
1. pojadą, 2. będziemy pisać/pisali, 3. wypijecie, 4. kupi, 5. będą, 6. zje, 7. będę czytać/czytała, 8. pójdziemy, 9. ugotujesz, 10. będą kąpać się/kąpali się

VI.
1. pojadę, 2. będę studiować/studiowała, 3. będę tłumaczyć/tłumaczyła, 4. będę mogła, 5. spotkam, 6. wrócę, 7. będę mieć/miała, 8. kupię, 9. będę jeździć/jeździła, 10. będę oglądać/oglądała

VII.

1. pójdę, kupię, 2. będą oglądać/oglądali, 3. ugotujesz, 4. będziemy uczyć się/uczyli się, 5. pojedzie, 6. będę pić/pił, 7. skończą, 8. będę jeść/jadła, 9. będziemy grać/grały, 10. zatelefonuje, 11. posprzątamy

VIII.

1. napiszę jutro, 2. posprzątam jutro, 3. zrobimy jutro, 4. ugotuję jutro, 5. pójdę jutro, 6. kupimy jutro, 7. zadzwonię jutro, 8. przeczytam jutro, 9. obejrzymy jutro, 10. zaprosimy jutro

IX.

1. pójdziemy, 2. pojedzie, 3. Pójdziecie, 4. Przyjadę, 5. Pojedziesz, 6. wejść, 7. wyjechać, 8. wyjdziesz, 9. wyjdę, 10. przyjdą

X.

1. Jeżeli skończysz medycynę, to będziesz pracować/pracował w szpitalu. 2. Jeżeli wyjedziecie na studia do Warszawy, będziecie musieli kupić mieszkanie. 3. Jeżeli on będzie mieć/miał pieniądze, pojedzie do Londynu. 4. Jeżeli przeczytamy książkę, oddamy ją do biblioteki. 5. Jeżeli oni kupią dobre buty, będą chodzić/chodzili po górach. 6. Jeżeli ona przyjedzie do Krakowa, zwiedzi Wawel. 7. Jeżeli wezmę rakietę tenisową, będę grać/grał w tenisa. 8. Jeżeli napiszemy list, pójdziemy na pocztę. 9. Jeżeli będę mieć/miała psa, będę chodzić/chodziła z nim na spacery. 10. Jeżeli ona będzie chora, nie będzie pracować/pracowała.

Klucz do rozdziału

Ojej, nic nie pamiętam!
Ćwiczenia powtórzeniowe. Czasownik

I.
Tomek: -am, -asz; Ania: -em, -esz; Adam: -ę,-isz/-ysz; Justyna: -ę, -esz

II.
-ę, -esz: wstaje (wstawać, wstaję, wstajesz); bierze (brać, biorę, bierzesz); kupuje (kupować, kupuję, kupujesz); jedzie (jechać, jadę, jedziesz); całuje (całować, całuję, całujesz); pisze (pisać, piszę, piszesz); pije (pić, piję, pijesz); idzie (iść, idę, idziesz)
-ę, -isz/ysz: mówi (mówić, mówię, mówisz); robi (robić, robię, robisz); lubi (lubić, lubię, lubisz)
-am, -asz: ma (mieć, mam, masz); wsiada (wsiadać, wsiadam, wsiadasz); spotyka się (spotykać się, spotykam się, spotykasz się); czyta (czytać, czytam, czytasz); wraca (wracać, wracam, wracasz); ogląda (oglądać, oglądam, oglądasz)
-em, -esz: je (jeść, jem, jesz)

III.
1. Tomek jedzie na rowerze. 2. Kasia i Ola idą na spacer. 3. Marta jedzie samochodem. 4. Pasażerowie jadą tramwajem. 5. Dzieci jadą autem.

IV.
iść: ty – idziesz; on/pan/ona/pani/ono – idzie; wy – idziecie; oni/państwo/one – idą
jechać: ja – jadę; on/pan/ona/pani/ono – jedzie; my – jedziemy; oni/państwo/one – jadą

V.
1. jadą, 2. idziesz, 3. idę, 4. jadę, 5. idzie, 6. idą, 7. jedzie, 8. idziemy, Idziesz, 9. jedziesz, 10. jedzie

VI.
pieszo iść, łódką płynąć, na rolkach jechać, rowerem jechać, piechotą iść, autobusem jechać, promem płynąć, autem jechać, pociągiem jechać, tramwajem jechać, samochodem jechać, balonem lecieć, statkiem płynąć, żaglówką płynąć, helikopterem lecieć, metrem jechać, taksówką jechać, kajakiem płynąć, busem jechać

VII.
1. idą, 2. chodzić, 3. szła, 4. poszła, 5. chodzić, 6. pójść, 7. jeżdżą, 8. pojechać, 9. jadą

VIII.
1. czyta, lubi, 2. uczycie się, 3. chodzimy, 4. nie lubisz, 5. nie umie, chodzi, 6. masz, 7. tańczą, 8. może, 9. wiesz, 10. idziecie, 11. jeździsz, 12. rozmawia, 13. przepraszam, 14. spotykam się, 15. jemy, 16. kupujesz, oglądasz, 17. zna, 18. pije, 19. parkuję, 20. uprawiasz

IX.

1. wstał, 2. umył się, 3. ubrał się, 4. pojechał, 5. Wrócił, 6. mają, 7. oglądają, 8. jedzą, 9. idą, 10. rozmawiają, 11. będzie robić/robił, 12. będzie pracować/pracowała, 13. będzie słuchać/słuchała, 14. będzie czytać/czytał

X.

1. budzę się, 2. wstałam, 3. umyłam się, 4. ubrałam się, 5. miałam, 6. poszłam, 7. spotkałam, 8. pracuje, 9. był, 10. denerwował się, 11. przyszliśmy, 12. zjadłam, 13. byłam, 14. mam, 15. poszłam, 16. zamówiłam, 17. wróciłam, 18. pracowałam, 19. czytałam, 20. rozmawiałyśmy, 21. wstanę, 22. spóźnię się, 23. będę mieć/miała, 24. zrobię

Klucz do rozdziału

Dobrze się czujesz?
Przysłówek

I.
1. źle, 2. interesujący, 3. miły, 4. wspaniale, 5. świetnie, 6. wysoka, 7. znakomicie, 8. słabo, 9. elegancko, 10. szybko

II.
1. zimno, 2. trudny, 3. mroźny, 4. wysoko, 5. tanio, 6. droga, 7. długi, 8. długo, 9. daleko, 10. blisko

III.
1. Jaką, 2. Jak, 3. Jaki, 4. Jakie, 5. Jak, 6. Jakiej, 7. Jak, 8. Jak, 9. Jaką, 10. Jaka

IV.
1. Jak wygląda Robert? 2. Jaka jest Anna? 3. Jak się czujesz? 4. Jak Zofia mówi po polsku? 5. Jaka jest ta książka? 6. Jak maluje Maciej? 7. Jak czuje się Artur? 8. Jaki jest Paweł? 9. Jak pisze Daniel? 10. Jak jest dzisiaj?

V.
1. Zimno mi. 2. Gorąco mi. 3. Nudno mi. 4. Słabo mi. 5. Wesoło mi. 6. Smutno mi. 7. Niewygodnie mi. 8. Niedobrze mi.

VI.
1. ładnie, 2. cicho, 3. głośno, 4. brudno, 5. gorąco, 6. wesoło, 7. długo, 8. czysto, 9. zimno, 10. nudno

VII.
1. zimno. Tutaj jest zimno. 2. ciepło. Tutaj jest ciepło. 3. duszno. Tutaj jest duszno. 4. gorąco. Tutaj jest gorąco. 5. wesoło. Tutaj jest wesoło. 6. smutno. Tutaj jest smutno. 7. cicho. Tutaj jest cicho. 8. głośno. Tutaj jest głośno. 9. chłodno. Tutaj jest chłodno. 10. brzydko. Tutaj jest brzydko. 11. brudno. Tutaj jest brudno. 12. czysto. Tutaj jest czysto. 13. ładnie. Tutaj jest ładnie. 14. brzydko. Tutaj jest brzydko.

VIII.
1. brzydko, 2. pięknie, 3. czysto, 4. brudno, 5. spokojnie, 6. elegancko, 7. ciekawie, 8. płynnie, 9. krótko, dużo

IX.
1. Dzisiaj jest deszczowo. 2. Wczoraj był burzowy dzień. 3. Jutro będzie pogodnie. 4. Wczoraj był zimny dzień. 5. Jutro będzie upalnie. 6. Dzisiaj jest chłodny dzień. 7. Dzisiaj jest mroźno. 8. Jutro będzie wietrzny dzień. 9. Wczoraj było mglisto. 10. Dzisiaj jest ciepły dzień.

X.

1. Styczeń był mroźny. 2. W kwietniu było ciepło. 3. Maj był deszczowy. 4. W październiku było pogodnie. 5. Sierpień był upalny. 6. W lipcu było słonecznie. 7. Czerwiec był burzowy. 8. We wrześniu było chłodno.

Klucz do rozdziału

Sklep jest obok kina, za apteką
Przyimek

I.
1. w budzie, 2. przed budą, 3. za budą, 4. na budzie, 5. pod budą, 6. nad budą, 7. obok budy

II.
1. na, 2. do, 3. na, 4. na, 5. z, 6. do, 7. z, 8. do

III.
1. na, 2. na, do, 3. u, 4. do, 5. u, 6. na, 7. u, na, 8. na, do, 9. na, 10. do, do

IV.
1. przy, 2. obok, 3. obok, 4. przy, 5. obok, 6. przy

V.
1. do, na, 2. do, na, 3. na, do, 4. do, na, 5. na, na, 6. na, do, 7. na, do, 8. na, do, 9. do, na, 10. na, na, 11. na, na, 12. na, do

VI.
1. na, 2. na, do, 3. do, na, 4. na, 5. na, 6. do, na, 7. do, na, 8. do, na, 9. na, na, 10. na, do

VII.
1. w, 2. nad, 3. w, 4. w, 5. w, 6. w, 7. nad, 8. nad, 9. nad, 10. nad, 11. nad

VIII.
1. w, 2. w, 3. na, 4. na, 5. w, 6. w, 7. na, 8. na, 9. na, 10. w

IX.
1. do, 2. z, 3. do, 4. od, 5. do, 6. z, 7. do, 8. od, 9. do, 10. z

X.
1. na, 2. z, 3. do, na, 4. na, w, 5. od, z, 6. u, w, 7. u, na, 8. w, 9. w, do, 10. na, na

XI.
1. w, 2. do, 3. Z, 4. do, 5. do, 6. o, 7. W, 8. na, 9. na, 10. do

XII.
1. dla, 2. na, 3. pod, 4. z, 5. nad

XIII.
1. nad, 2. w, 3. W, 4. u, 5. do, 6. z, 7. do, 8. o, 9. na, 10. na

XIV.
1. Obok, 2. Na, 3. nad, 4. do, 5. na, 6. do, 7. w

XV.
1. dla, 2. z, 3. w, 4. Pod, 5. Przy, 6. Na, 7. Na, 8. Nad, 9. Na, 10. obok/koło

XVI.
1. do, 2. Na, 3. przy, 4. pod, 5. Obok/Koło

XVII.
1. do, 2. w, 3. na, 4. do, 5. z, 6. na, 7. Na, 8. na, 9. w, 10. do, 11. Z, 12. do, 13. Po, 14. we, 15. po

XVIII.
1. O, 2. z, 3. do, 4. U, 5. o, 6. na, 7. do, 8. do, 9. z, 10. w, 11. o, 12. na, 13. koło/obok, 14. w, 15. do, 16. z, 17. do

Klucz do rozdziału

To już wiesz! Ćwiczenia gramatyczne i nie tylko

I.

1. Jakub na kolację je kanapkę z szynką i pije herbatę. 2. Oni na podwieczorek jedzą ciasto i piją kawę z mlekiem. 3. My na obiad jemy zupę pomidorową, kurczaka z frytkami i pijemy kompot. 4. Ty na drugie śniadanie jesz sałatkę owocową i pijesz sok pomarańczowy.

II.

1. Ona codziennie pije mleko na śniadanie. 2. Ja nie lubię czytać nudnej książki. 3. W sobotę on zawsze chodzi do kina. 4. Co ty myślisz o nim? 5. On nie ma samochodu. 6. Ona codziennie je rybę na obiad. 7. Ja nie lubię pić czarnej kawy. 8. W niedzielę on zawsze chodzi do teatru. 9. Robert studiuje literaturę polską. 10. On nie ma syna.

III.

1. Idę na Rynek/do Rynku. 2. On idzie do kina. 3. Ona idzie do teatru. 4. One idą do lasu. 5. Oni idą na dworzec. 6. Idziemy na plac. 7. Idziemy do restauracji. 8. Idę na pocztę. 9. Oni idą na uniwersytet. 10. On idzie do parku.

IV.

1. Zofia idzie na pocztę. 2. Piotrek idzie do sklepu. 3. Dzieci idą do szkoły. 4. Ludzie idą na przystanek autobusowy. 5. Idę na uniwersytet. 6. Idziemy do restauracji.

V.

1. Kupiłam butelkę wina. 2. Mieszkam w Madrycie. 3. Czekam na tramwaj. 4. Nie lubię kawy. 5. Dywan leży przed łóżkiem. 6. Interesuję się literaturą francuską. 7. Słucham muzyki klasycznej. 8. Studiuję filozofię.

VI.

1. Beata mieszka w Warszawie. 2. Zosia była na wakacjach nad morzem. 3. Jacek jedzie na wakacje nad morze. 4. Studentki idą na przystanek. 5. Dziewczyny czekają na tramwaj na przystanku.

VII.

1. Jej nie ma w klasie. 2. My nigdy nie jemy kolacji. 3. W ogrodzie nie ma trawnika. 4. W domu nie było dużego psa. 5. Ich nie będzie tu jutro. 6. To nie jest dom. 7. On nie jest profesorem. 8. Marek nie ma siostry. 9. Nie lubię Oli. 9. Dziewczyny nie lubią mleka.

VIII.

1. Nie ma cię w domu. 2. Jego nie ma w sali. 3. Jej nie ma na koncercie. 4. Dziecka nie ma w parku. 5. Nas nie ma w szkole. 6. Ich nie ma na uniwersytecie. 7. Ich nie ma w kinie. 8. Jej nie ma w restauracji.

IX.

a. 1. Samochodu nie ma na parkingu. 2. Soku nie ma na stole. 3. Chleba nie ma na talerzu. 4. Dziewczyny nie ma w teatrze. 5. Chłopca nie ma w kinie. 6. Dziecka nie ma w parku. 7. Kota nie ma na sofie. 8. Róży nie ma w ogrodzie. 9. Komputera nie ma na biurku. 10. Sera nie ma w lodówce.

b. 1. Marka nie było na koncercie. 2. Julii nie było na plaży. 3. Siostry nie było w szkole. 4. Brata nie było w górach. 5. Taksówki nie było na ulicy. 6. Lekarza nie było w szpitalu. 7. Książki nie było w bibliotece. 8. Zeszytu nie było na półce. 9. Dywanu nie było na podłodze. 10. Klucza nie było w kuchni.

c. 1. Jej nie będzie w restauracji. 2. Nas nie będzie na basenie. 3. Was nie będzie na konferencji. 4. Ich nie będzie na spotkaniu. 5. Ich nie będzie w kawiarni. 6. Mnie nie będzie w domu. 7. Pociągu nie będzie na dworcu. 8. Samolotu nie będzie na lotnisku. 9. Listu nie będzie na poczcie. 10. Talerza nie będzie w kredensie.

X.

1. grają w tenisa, 2. gra na saksofonie, 3. grają w ruletkę, 4. grają w bilard, 5. gra na trąbce, 6. grają w koszykówkę, 7. gra na fortepianie, 8. gra na gitarze, 9. grają w karty, 10. grają w siatkówkę, 11. gra na flecie, 12. grają w piłkę nożną

XI.

1. Ona idzie spać o dziesiątej, 2. Film zaczyna się o wpół do siódmej, 3. Oni idą do szkoły za dwadzieścia ósma, 4. Oni mają kurs języka polskiego o piątej, 5. Gram w tenisa piętnaście po dziewiątej, 6. Jemy kolację o wpół do ósmej, 7. Mam wizytę u dentysty dwadzieścia po dziesiątej, 8. Robię zakupy o czwartej

XII.

1. b, 2. c, 3. c, 4. a, 5. b, 6. a, 7. c, 8. a, 9. a, 10. c

XIII.

2. e, 3. g, 4. f, 5. a, 6. b, 7. c

XIV.

Kiedy? za dwa lata, trzy miesiące temu, za pięć lat, przedwczoraj, sto lat temu, rok temu
Jak często? co minutę, co niedzielę, trzy razy dziennie, co godzinę
Jak długo? przez sekundę, przez cały dzień, przez chwilę, przez dziesięć lat

XV.

1. świeci słońce, 2. pada, 3. jest pochmurno, 4. wieje, 5. jest burza, 6. pada i wieje, 7. świeci słońce i wieje, 8. jest burza i wieje

PODRĘCZNIKI W SERII **JĘZYK POLSKI DLA CUDZOZIEMCÓW**
pod redakcją Władysława Miodunki

podręczniki kursowe

A1 Władysław Miodunka
CZEŚĆ, JAK SIĘ MASZ? CZĘŚĆ I
SPOTYKAMY SIĘ W POLSCE **CD**

A2 Władysław Miodunka
CZEŚĆ, JAK SIĘ MASZ? CZĘŚĆ II
SPOTKAJMY SIĘ W EUROPIE **CD**

A1 A2 Marta Pančíková, Wiesław Stefańczyk
PO TAMTEJ STRONIE TATR
UČEBNICA POL'STINY PRE SLOVÁKOV

B1 Ewa Lipińska
Z POLSKIM NA TY
PODRĘCZNIK JĘZYKA POLSKIEGO
DLA ŚREDNIO ZAAWANSOWANYCH **2 CD**

B2 Ewa Lipińska, Elżbieta Grażyna Dąmbska
KIEDYŚ WRÓCISZ TU... CZĘŚĆ I
GDZIE NADWIŚLAŃSKI BRZEG **CD**

C1 Ewa Lipińska, Elżbieta Grażyna Dąmbska
KIEDYŚ WRÓCISZ TU... CZĘŚĆ II
BY SZUKAĆ SWOICH DRÓG I GWIAZD **CD**

części systemu języka

A1 Joanna Machowska
GRAMATYKA? DLACZEGO NIE?!
ĆWICZENIA GRAMATYCZNE DLA POZIOMU A1

A1 A2 Magdalena Szelc-Mays, Elżbieta Rybicka
SŁOWA I SŁÓWKA
PODRĘCZNIK DO NAUKI SŁOWNICTWA
I GRAMATYKI DLA POCZĄTKUJĄCYCH

B2 C1 Stanisław Mędak
CO Z CZYM?
ĆWICZENIA SKŁADNIOWE
Z JĘZYKA POLSKIEGO DLA OBCOKRAJOWCÓW

A2 B1 Magdalena Szelc-Mays
NOWE SŁOWA – STARE RZECZY
PODRĘCZNIK DO NAUCZANIA SŁOWNICTWA
JĘZYKA POLSKIEGO

B1 B2 Ewa Lipińska
NIE MA RÓŻY BEZ KOLCÓW
ĆWICZENIA ORTOGRAFICZNE
DLA OBCOKRAJOWCÓW
Wydanie II, poprawione i uzupełnione

B2 Piotr Garncarek
CZAS NA CZASOWNIK
ĆWICZENIA GRAMATYCZNE Z JĘZYKA POLSKIEGO

B2 C1 C2 Stanisław Mędak
LICZEBNIK TEŻ SIĘ LICZY!
GRAMATYKA LICZEBNIKA Z ĆWICZENIAMI

B2 C1 Józef Pyzik
PRZYGODA Z GRAMATYKĄ
FLEKSJA I SŁOWOTWÓRSTWO IMION
ĆWICZENIA FUNKCJONALNO-GRAMATYCZNE
DLA CUDZOZIEMCÓW

B2 C1 Józef Pyzik
IŚĆ CZY JECHAĆ?
ĆWICZENIA GRAMATYCZNO-SEMANTYCZNE
Z CZASOWNIKAMI RUCHU

B1 B2 C1 Anna Pięcińska
CO RAZ WEJDZIE DO GŁOWY –
JUŻ Z NIEJ NIE WYLECI
CZYLI FRAZEOLOGIA PROSTA I PRZYJEMNA

B1 B2 Przemysław Gębal
OD SŁOWA DO SŁOWA
TOCZY SIĘ ROZMOWA
REPETYTORIUM LEKSYKALNE Z JĘZYKA POLSKIEGO
JAKO OBCEGO DLA POZIOMÓW B1 I B2

sprawności

A1 A2 Danuta Gałyga
ACH, TEN JĘZYK POLSKI! **CD**
ĆWICZENIA KOMUNIKACYJNE DLA POCZĄTKUJĄCYCH

B1 B2 Magdalena Szelc-Mays
COŚ WAM POWIEM...
ĆWICZENIA KOMUNIKACYJNE
DLA ŚREDNIO ZAAWANSOWANYCH **2 CD**

B2 C1 C2 Ewa Lipińska
KSIĘŻYC W BUTONIERCE
ĆWICZENIA DLA CUDZOZIEMCÓW DOSKONALĄCE
SPRAWNOŚĆ ROZUMIENIA ZE SŁUCHU **CD**

C1 C2 Ewa Lipińska
LEKTURY PODRĘCZNE
ANTOLOGIA TEKSTÓW SATYRYCZNYCH
DLA CUDZOZIEMCÓW, KTÓRZY DOBRZE
ZNAJĄ JĘZYK POLSKI

B2 C1 Anna Seretny
KTO CZYTA – NIE BŁĄDZI
ĆWICZENIA ROZWIJAJĄCE SPRAWNOŚĆ CZYTANIA

C1 Anna Seretny
PER ASPERA AD ASTRA
ĆWICZENIA ROZWIJAJĄCE SPRAWNOŚĆ CZYTANIA

C2 Bogusław Kubiak
NA ŁAMACH PRASY CZĘŚĆ I
ĆWICZENIA ROZWIJAJĄCE SPRAWNOŚĆ CZYTANIA
Dodatek – Strategie egzaminacyjne

C2 Bogusław Kubiak
NA ŁAMACH PRASY CZĘŚĆ II
ĆWICZENIA ROZWIJAJĄCE SPRAWNOŚĆ CZYTANIA

B2 C1 Andrzej Ruszer
OSWOIĆ TEKST
PODRĘCZNIK KOMPOZYCJI I REDAKCJI TEKSTÓW
UŻYTKOWYCH DLA POZIOMÓW B2 I C1

A1 A2 Danuta Gałyga
JAK TO ŁATWO POWIEDZIEĆ... **3 CD**
ĆWICZENIA KOMUNIKACYJNE DLA POCZĄTKUJĄCYCH

zbiory zadań do egzaminów certyfikatowych

B1 Aleksandra Achtelik, Wioletta Hajduk-Gawron,
Agnieszka Madeja, Magdalena Świątek
BĄDŹ NA B1
ZBIÓR ZADAŃ Z JĘZYKA POLSKIEGO ORAZ
PRZYKŁADOWE TESTY CERTYFIKATOWE
DLA POZIOMU PODSTAWOWEGO **2 CD**

PODRĘCZNIKI W SERII **JĘZYK POLSKI DLA CUDZOZIEMCÓW**
pod redakcją Władysława Miodunki

zbiory zadań do egzaminów certyfikatowych

B2 Ewa Lipińska
UMIESZ? ZDASZ!
MATERIAŁY PRZYGOTOWUJĄCE DO EGZAMINU CERTYFIKATOWEGO Z JĘZYKA POLSKIEGO JAKO OBCEGO NA POZIOMIE ŚREDNIM OGÓLNYM **2 CD**

C2 Anna Butcher, Iwona Janowska, Grażyna Przechodzka, Grażyna Zarzycka
CELUJĘ W C2
ZBIÓR ZADAŃ DLA KANDYDATÓW DO EGZAMINU CERTYFIKATOWEGO Z JĘZYKA POLSKIEGO JAKO OBCEGO NA POZIOMIE ZAAWANSOWANYM **CD**

słowniki

A1 A2 Anna Seretny
A CO TO TAKIEGO?
OBRAZKOWY SŁOWNIK JĘZYKA POLSKIEGO

C1 C2 Zofia Kurzowa
ILUSTROWANY SŁOWNIK PODSTAWOWY JĘZYKA POLSKIEGO

A2 B1 B2 C1 C2 Stanisław Mędak
PRAKTYCZNY SŁOWNIK ŁĄCZLIWOŚCI SKŁADNIOWEJ CZASOWNIKÓW POLSKICH

A2 B1 B2 C1 C2 Stanisław Mędak
SŁOWNIK FORM KONIUGACYJNYCH CZASOWNIKÓW POLSKICH

A2 B1 B2 C1 C2 Stanisław Mędak
SŁOWNIK ODMIANY RZECZOWNIKÓW POLSKICH

języki specjalistyczne

B1 B2 Marzena Kowalska
O BIZNESIE PO POLSKU
WPROWADZENIE DO JĘZYKA BIZNESU

podręczniki dla dzieci

A1 A2 B1 B2 Magdalena Szelc-Mays
TAŃCE MALOWANE.
PODRĘCZNIK DLA DZIECI W WIEKU PRZEDSZKOLNYM I WCZESNOSZKOLNYM

projekt ONENESS

A1 Katarzyna Drwal-Straszakowa, Waldemar Martyniuk
POWIEDZ TO PO POLSKU
SAY IT THE POLISH WAY **CD**

metodyka nauczania języka polskiego jako obcego

KULTURA W NAUCZANIU JĘZYKA POLSKIEGO JAKO OBCEGO. STAN OBECNY – PROGRAMY NAUCZANIA – POMOCE DYDAKTYCZNE
Red. Władysław Miodunka

PRZEWODNIK PO EGZAMINACH CERTYFIKATOWYCH
Red. i oprac. Anna Seretny, Ewa Lipińska

Ewa Lipińska, Anna Seretny
ABC METODYKI NAUCZANIA JĘZYKA POLSKIEGO JAKO OBCEGO

Z ZAGADNIEŃ DYDAKTYKI JĘZYKA POLSKIEGO JAKO OBCEGO
Red. Ewa Lipińska, Anna Seretny

OD MEDIÓW PRZEKAZU DO MEDIÓW UCZESTNICZENIA. TRANSMISJA I NAUCZANIE JĘZYKÓW MNIEJSZOŚCIOWYCH
Red. Robert Dębski

Urszula Marzec
OBRAZ POLONISTYKI WŁOSKIEJ W ŚWIETLE BADAŃ ANKIETOWYCH

NOWA GENERACJA W GLOTTODYDAKTYCE POLONISTYCZNEJ
Red. Władysław Miodunka

Iwona Janowska
PLANOWANIE LEKCJI JĘZYKA OBCEGO. PODRĘCZNIK I PORADNIK DLA NAUCZYCIELI JĘZYKÓW OBCYCH

Przemysław E. Gębal
DYDAKTYKA KULTURY POLSKIEJ W KSZTAŁCENIU JĘZYKOWYM CUDZOZIEMCÓW

40 KONCEPCJI DOBRYCH LEKCJI
Red. Agnieszka Rabiej, Hanna Marczyńska, Beata Zaręba

Iwona Janowska
PODEJŚCIE ZADANIOWE DO NAUCZANIA I UCZENIA SIĘ JĘZYKÓW OBCYCH

Podręczniki do nauczania języka polskiego jako obcego są opracowywane przez zespół autorów związanych z Katedrą Języka Polskiego jako Obcego Uniwersytetu Jagiellońskiego oraz z innymi ośrodkami kształcenia obcokrajowców uczelni polskich jak UW, UŁ, UMCS, KUL, UŚ, UWr.

TOWARZYSTWO AUTORÓW I WYDAWCÓW
PRAC NAUKOWYCH

UNIVERSITAS

REDAKCJA
ul. Sławkowska 17, 31-016 Kraków
tel./fax 12 423 26 05 / 12 423 26 14 / 12 423 26 28
www.universitas.com.pl

PROPOZYCJE WYDAWNICZE
Kontakt: janek@universitas.com.pl

WSPÓŁPRACA PROMOCYJNA
Kontakt: marketing@universitas.com.pl

DRUK NA ŻYCZENIE
Kontakt: redtech@universitas.com.pl

DYSTRYBUCJA oraz KSIĘGARNIA WYSYŁKOWA
ul. Żmujdzka 6B, 31-426 Kraków
ksiegarnia@universitas.com.pl
tel./fax 12 413 91 36 / 12 413 91 25

ZAMÓW NASZ BEZPŁATNY KATALOG
tel. 12 423 26 05 / 12 418 23 75

www.universitas.com.pl

WYDAWNICTWO
UNIVERSITAS

www.facebook.com/Wydawnictwo.Universitas